INDIGENISMOS EN LA LENGUA DE LOS CONQUISTADORES

Serie: Lengua y folklore

INDIGENISMOS EN LA LENGUA DE LOS CONQUISTADORES

JUAN CLEMENTE ZAMORA MUNNÉ

COLECCIÓN UPREX
EDITORIAL UNIVERSITARIA
UNIVERSIDAD DE PUERTO RICO

Primera edición, 1976

Catalogación de la Biblioteca del Congreso
Library of Congress Cataloging in Publication Data
Zamora Munné, Juan Clemente.
Indigenismos en la lengua de los conquistadores.
(Serie Lengua y folklore) (Colección Uprex; 51)
Bibliography: p.
1. Spanish language-Foreign elements-Indian.
I. Title.
PC4582.I5Z2 462'.4'97 76-43283
ISBN: 0-8477-0051-8

Depósito Legal: B. 97.032-1976

Printed in Spain *Impreso en España*

Impreso en el complejo de Artes Gráficas
Medinaceli, S.A., General Sanjurjo, 53
Barcelona-12 (España)

PROLOGO

Cuando Alfonso X El Sabio decretó el castellano como lengua nacional de España, ya estaba este idioma bien poblado y enriquecido con voces extranjeras. Allí resonaban los arabismos, como también se hacían notar palabras provenientes de otras lenguas romances, sobre todo del provenzal, que ya desde comienzos del siglo XI exhibía con juglares y trovadores su poética vocinglería. Más tarde, con el correr de los años la influencia del italiano durante el siglo XVI es innegable tanto en la lengua oral como en la literaria; así sucederá también en el siglo XVIII con las palabras de origen francés que a través del influjo académico e ilustracionista nos llegara.

Poco conocido y casi ignorado, sin embargo, es el gran flujo de palabras de las lenguas indígenas americanas que a través de los conquistadores y colonizadores peninsulares entraron en el español de ambos mundos desde los mismos albores del siglo XVI.

Si bien sobran estudios sobre las influencias lingüísticas del árabe, así como de otras lenguas románicas sobre el liberal castellano, faltan, por otro lado, buenos estudios de los préstamos léxicos que hizo el español a las lenguas indígenas del Nuevo Mundo. A esta apremiante necesidad intelectual aporta Juan Clemente Zamora un magnífico y revelador estudio nunca antes intentado bajo un orden sistemático y científico admirables.

Evidentemente, aquel mundo totalmente nuevo, aquella naturaleza exótica y misteriosa, aquellas civilizaciones de mayas, incas, taínos, aztecas, entre otras sorprendieron y cautivaron a los aventureros pobladores españoles quienes tuvieron que adaptarse, aprehender y asimilar nuevos objetos materiales y nuevos conceptos para el espíritu. Ante lo ya nombrado por los antiguos habitantes de América, la palabra original prevaleció respetada por el mágico sortilegio que las cosas nuevas dejaron como impronta indeleble en las almas occidentales. De aquí el traslado y préstamos de palabras americanas al español de los conquistadores, y del español de los conquistadores que regresaban a su tierra al habla de todos los peninsulares y hasta de Europa toda.

Juan Clemente Zamora, distinguido lingüista y lexicógrafo cubano, profesor en el Departamento de Español y Portugués de la Universidad de Massachusetts, recinto de Amherst, nos ofrece en *Indigenismos en la lengua de los conquistadores* un interesante lexicón procedente de los universos lingüísticos del *nahuatl, quechua, mapuche, taíno, quiche* y *caribe* entre varios otros que pasaron a formar parte del léxico cotidiano de los conquistadores de América.

La compilación está avalorada por un excelente estudio donde Zamora establece categorías lingüísticas y frecuencias de uso, así como la distribución geográfica, clasificación semántica y algunos aspectos gramaticales. Sin lugar a dudas este trabajo será la piedra angular de otros futuros estudios y, por lo que ahora nos ofrece como por lo que éste generará le damos muy calurosamente a su autor ¡mil parabienes y la enhorabuena!

MARCELINO CANINO SALGADO
Catedrático de la Universidad
de Puerto Rico, Profesor Visitante
de la Universidad de Yale.

INTRODUCCION

El trabajo lexicológico que sigue está dedicado al estudio de los préstamos lingüísticos que las lenguas indoamericanas hicieron al español de los conquistadores y pobladores en el siglo XVI, el período de primera penetración de los indigenismos. En esta etapa inicial el lenguaje americano no se diferenciaba mucho del de la Península en otros aspectos, pero en cuanto a los indigenismos sí existía una diferencia. El préstamo se produce como resultado del contacto entre los hablantes del español y los de las lenguas indígenas; este contacto era directo para los españoles que estaban en América, pero indirecto para los que permanecían en la Península. Por eso la investigación se limita al habla de los españoles —y a fines del siglo de los criollos— que viven en América. El trabajo tiene otro límite, es un intento de aproximación a la realidad lingüística, a la lengua hablada; los textos literarios o cuasiliterarios de la época se rechazaron como posibles fuentes.

El adentrarse en el habla hispanoamericana del siglo XVI, revisar miles de documentos de la época, sólo por entresacar indigenismos sería desperdiciar la oportunidad de extraer muchísimos otros datos de enorme interés lingüístico y cultural. Hacerlo como labor individual —más bien que de equipo— tomaría un tiempo incalculable. Mi trabajo es válido y posible porque es parte de otro mayor, realizado por un equipo de investigadores del que formé parte.

Esta más amplia labor de investigación sobre el español americano del siglo XVI (continúa ahora para los siglos XVII y XVIII) se llevó a cabo en la Universidad del Estado de Nueva York en Buffalo, por iniciativa y bajo la dirección del Dr. Peter Boyd-Bowman. A este proyecto se le ha nombrado LASCODOCS (Linguistic Analysis of Spanish Colonial Documents).

Reconozco, pues, mi deuda con el Dr. Boyd-Bowman por permitirme usar para este trabajo los materiales correspondientes de LASCODOCS, así como también mi deuda con los compañeros de investigación que me ayudaron a recolectar y clasificar los dichos materiales. Entre ellos merece especial mención el Dr. William J. Cline, de Eastern Michigan University, quien ha realizado una valiosísima investigación sobre la fonología del español americano del siglo XVI, basándose también en LASCODOCS.

Para terminar esta introducción quiero citar a dos notables hispanistas que contribuyeron a *Current Trends in Linguistics, IV: Ibero-American and Caribbean Linguistics* (La Haya, 1968), obra valiosísima no sólo como informe de lo hecho, sino como índice de lo que queda por hacer. En el capítulo dedicado a la dialectología Juan M. Lope Blanch dice que «the study of the influence of native tongues upon Castilian has barely begun» (p. 119); en el capítulo que trata de la lexicología Fernando Antonio Martínez señala que «one of the future tasks of Spanish American lexicography... should be the study and systematic collecting of the indigenous vocabulary» (p. 100). Creo que estas palabras sobradamente justifican el trabajo que a continuación intentaré.

METODO Y FUENTES

A. — Método de trabajo

En lo puramente mecánico fue muy similar a otras; leer, entresacar, pasar a papeletas. Para el ordenamiento fue de suma utilidad el poder disponer de una computadora electrónica. Lo que da tónica especial al trabajo no es lo anterior sino lo que sigue.

El intento de aproximación a la lengua hablada fuerza y determina las fuentes que se han de usar, y las que no se usarán. La literatura, por usar la lengua como «materia prima», es parte de la realidad lingüística. Pero el literato toma esa materia prima para elaborar un producto que es literario precisamente por lo que tiene de individual, de personal. La literatura necesariamente es artificio, y aun el escritor con mayor intención de realismo tiene que manejar el lenguaje artísticamente para crear la impresión de realidad. Para estudiar el habla de una comunidad no podemos usar fuentes que intencionadamente personalizan el lenguaje y lo fuerzan dentro de un estilo, porque al hacerlo se separan de la manera de decir del grupo.

No es sólo la literatura la que crea una diferenciación en la lengua. Cuando hablamos o escribimos a quien no forma parte de nuestra comunidad dialectal tenemos constantemente que modificar nuestro lenguaje para que se nos comprenda mejor. Por ejemplo, siendo mi dialecto del español el de Cuba, cuando hablo a otros cubanos (o a dominicanos, puertorriqueños o canarios) llamo *guagua* al mismo vehículo de transporte público que llamaría *autobús* si me encontrara hablando con cualqiuer otro hispanohablante. Un peruano o un chileno usaría el mismo término para referirse a un niño pequeño si se encontrara entre compatriotas, pero no en México, ni en el Caribe, ni en España.

Por la misma razón un castellano fuera de Castilla no pedirá en un restaurante *tostón* porque, si estuviera en Andalucía le servirían un pedazo de pan tostado, y en Cuba un plátano verde frito; modificaría su habla y pediría un lechoncito o un cerdito asado, que es lo que desearía comer.

Por otra parte hay casos en que por impresionar con nuestro dominio de lo que sabemos exótico para quien nos escucha o nos lee, modificamos también nuestros hábitos lingüísticos, pero en sentido contrario; es decir, exageramos lo exótico y lo peculiarmente localista. Sea por la una o por la otra razón, por lo que omitimos o por lo que añadimos, los textos dirigidos a un público europeo (español en este caso) deben evitarse al estudiar el habla americana.

Todo lo anterior explica que para esta investigación se escogieran fuentes no literarias, documentos escritos en América, que se escribieron para ser leídos mayormente por quienes estaban en América. Claro que queda un obstáculo que a primera vista pudiera parecer insuperable: el que la lengua escrita siempre se aleje algo de la hablada. Pero porque no dispongamos de transcripciones fonéticas o grabaciones magnetofónicas no vamos a renunciar a todo estudio de la lengua hablada de épocas anteriores al uso de esos medios. La selección cuidadosa de las fuentes nos permite por lo menos acercarnos mucho a la realidad. En algunos casos logramos el máximo de aproximación; muchos de los documentos utilizados contienen procesos judiciales (o inquisitoriales) y en ellos el escribano venía por ley obligado a transcribir literalmente lo dicho de viva voz por los testigos en sus declaraciones.

Las fuentes usadas (más adelante se relacionan) son, ya se dijo, pleitos y otros procedimientos judiciales e inquisitoriales, además contratos privados o notariales, correspondencia, actas de cabildo, listas de tributación, etc. Aunque en general, por su lenguaje estilizado y por destinarse a lectores europeos, se evitaron las crónicas mayores, se usaron algunas de cronistas menores. En todo caso se utilizaron sólo aquellos documentos en los que se tenía seguridad sobre lugar y fecha exacta de composición. Para asegurar una visión amplia, tanto en el aspecto geográfico como en el cronológico, hubo en algunos casos, muy contados, que recurrir a documentos dirigidos a España, pero que fueron siempre de origen americano. Pareció esto preferible a dejar a alguna década en alguna región con muy escasa muestra, o con ninguna.

De la región estudiada se obtuvieron cuantos documentos se pudo que reunieran los requisitos establecidos, trabajándose en muchos casos con manuscritos inéditos. Cuba, por ejemplo, está representada por actas del cabildo de La Habana, por escrituras de todo tipo que obran en el archivo de protocolos notariales de la misma ciudad, y por documentos aislados, generalmente comunicaciones y correspondencia con otras partes del imperio colonial. Todas las regiones están representadas por la mayor cantidad de documentación que fue posible obtener, pero es natural que algunas (por ejemplo México) estén mejor representadas que otras.

El número de páginas que el equipo de investigadores leyó para recolectar datos excede de las 20.000 (más de 13 millones de palabras de texto corrido), sólo para el siglo XVI. Esto —y el tipo de fuente seleccionada— garantiza la validez de la muestra.

El número de citas se procuró que fuera representativo (sobre todo de la variedad de acepciones registradas), pero debe quedar bien aclarado que el estudio no pretende tener valor estadístico. La enorme cantidad y gran variedad de materiales utilizados hizo impracticable tratar de obtener informes de este tipo.

En cuanto a los indigenismos, lo primero que tuvimos que hacer fue determinar qué palabras debían clasificarse como de origen indoamericano. En algunos casos, bien pocos dado la naturaleza de los documentos, el escribano las identifica como tales, lo cual no nos eximía de comprobación puesto que los errores eran muy frecuentes. Palabras hay (*caribe, ají, chocolate*) cuyo origen se sabe de antemano; pero en la mayoría de los casos no ha habido salida fácil, y hemos tenido que comprobar cada palabra de cuya etimología latina no estábamos absolutamente seguros. Por ejemplo la voz *cajete,* que a primera vista muchos hubieran descartado como derivada de caja (latín *capsea*), es en realidad de origen náhuatl.

Una vez determinado el origen de la palabra ha sido preciso llegar a su significado. Como mi intención no era dar el significado en la lengua indígena, ni en el español actual, sino el que la palabra tuviera para los españoles del siglo XVI, los contextos han sido el factor determinante. Como éstos no han sido siempre suficientes, he aprovechado en esos casos los diccionarios de lenguas indígenas y más particularmente los de americanismos. Los ejemplos que siguen ilustran el problema de los significados. *Naboría* para los españoles del siglo XVI era un indio encomendado; éste es el valor semántico que me interesa, aunque en su lengua de origen tuvo que tener otro, puesto que los taínos no tenían entre sus instituciones la de las encomiendas. *Tapatío* hoy es adjetivo que se aplica a lo procedente del estado de Jalisco, en México; pero a los efectos de este trabajo me interesa que de varios contextos resulta evidente que en el español de los conquistadores y primeros pobladores era el nombre de una pieza de ropa.

Mis métodos, pues, han venido determinados por el doble propósito de precisar: a) qué palabras de origen indoamericano formaban parte de la lengua española hablada en América en el siglo XVI y b) qué significados tenían esas palabras para sus usuarios. El resultado de esta labor es el *Léxicon* que forma el núcleo de este trabajo, y los comentarios que le siguen. Téngase en cuenta, sin embargo, que el *Léxicon* no pretende ser un diccionario de todas las voces indígenas usadas por los españoles que estaban en América en la época; es una relación explicada de aquellas voces que, según el criterio seguido, puedo documentar que formaban parte de la lengua hablada.

B. — Organización de los materiales

Los indigenismos documentados están recopilados en el *Léxicon.* Al leer éste debe tenerse en cuenta lo siguiente:

i. — Por la irregularidad ortográfica (acentuada en cuanto a los indigenismos por tratarse del momento de su incorporación), y porque se ha respetado la ortografía de la época, las variantes ortográficas de una misma palabra son muy frecuentes. Cuando una de las formas documentadas es igual a la actual, ésa encabeza el epígrafe. Caso de no tener documentada la forma actual, la más usual es la que encabeza el epígrafe, indicándose para esos casos cuál es la ortografía actual.

ii. — Las variantes aparecen dentro del mismo epígrafe; pero si la *primera* letra de alguna de ellas, o de la forma actual es diferente de la que encabeza el epígrafe, se le incluye por separado con la correspondiente referencia.

iii. — Los sustantivos y adjetivos aparecen en su forma masculina singular.

iv. — Todas las formas derivadas aparecen por separado.

v. — Una definición breve, sin pretensiones científicas, se incluye para facilitar el uso. La definición indica el valor semántico en el siglo XVI, según se desprende de las citas; cuando hay una variante con el actual, éste se expresa.

vi. — La expresión «voz perdida» indica que la palabra hoy está en desuso, tanto en el español general como en el de las grandes zonas dialectales. Esto no excluye la posibilidad de que la palabra sobreviva en uso regional limitado.

vii. — Se indican los lugares, y las fechas o períodos para cada lugar, donde se ha documentado cada palabra. Estos datos indican el resultado de nuestra investigación; no deben verse como limitaciones geográficas ni cronológicas en el uso.

viii. — El número de citas para cada palabra no tiene valor estadístico o de otra índole. En unos casos refleja lo que se ha podido documentar, en otros responde al deseo de ilustrar la gama de los valores semánticos.

ix. — En las citas se retiene la ortografía de las fuentes; pero para facilitar la lectura se desdoblaron las abreviaturas, y se suplió la puntuación, las letras mayúsculas, y los acentos escritos, de acuerdo con el uso moderno.

x. — Cada cita va seguida de la correspondiente referencia abreviada. En la relación de fuentes que sigue puede verse la referencia de dichas abreviaturas.

xi. — En el *Léxicon* las palabras están ordenadas siguiendo el criterio alfabético. A continuación de él se incluye un apéndice donde las palabras (sin ningún otro dato) se ordenan además según la lengua de origen.

C. — FUENTES

Como en el *Léxicon* los contextos citados se identifican mediante abreviatura, antepongo dicha forma abreviada al dato bibliográfico. Por la misma razón, y para facilitar las referencias, alfabeticé de acuerdo con la abreviatura antepuesta.

La lista que sigue es una relación completa de las fuentes utilizadas para este trabajo. Debe tenerse en cuenta, sin embargo, que algunas de ellas no aparecen citadas en el *Léxicon,* porque los contextos extraídos no contribuían a aclarar el significado o los matices de la palabra documentada.

ACC, I — *Actas del Cabildo de Caracas, Tomo I (1573-1600)* Caracas, 1943.

ACH, II y III — *Actas Capitulares del Ayuntamiento de La Habana, Tomo II (1566-1574)* y *Tomo III (1575-1578),* ed. Emilio Roig de Leuchsenring. La Habana, 1939 y 1946.

Act Pampl — *Primer libro de actas del Cabildo de la ciudad de Pamplona en la Nueva Granada (1552-1561).* Biblioteca de historia nacional, vol. LXXXII, Bogotá, 1950.

APH	María Teresa de Rojas, *Indice y extractos del Archivo de Protocolos de La Habana (1578-1585)*. La Habana, MCMXCVII (sic, por 1947).
APP	*Archivo de Protocolos de Puebla de los Angeles (1547-)*. Es copia en micropelícula auspiciada por la Academia Mexicana de Genealogía.
APP, I y II	Peter Boyd-Bowman, *Indice y extractos del Archivo de Protocolos de Puebla, Tomo I (1540-1549) y Tomo II (1550-1556)*. Obra en MS.
ARASF	*Libro de acuerdos públicos y privados de la Real Audiencia de Santa Fe en el Nuevo Reino de Granada,* ed. Eduardo Zalamea Borda. Bogotá, 1938.
Arch Yuc, I a III	José I. Rubio Mañé, *Archivo de la historia de Yucatán, Campeche y Tabasco.* 3 vols. México, 1942.
B Cortés	*Nuevos documentos relativos a los bienes de Hernán Cortés,* eds. Julio Jiménez Rueda, et al. México, 1942.
Carv	*Procesos de Luis Carvajal (el Mozo)*. Publicaciones del Archivo General de la Nación, vol. XXVIII. México, 1935.

Cat Mont	Israel Cavazos Garza, *Catálogo y síntesis de los Protocolos del Archivo Municipal de Monterrey (1599-1700)*. Monterrey, 1966.
CCR	*Documentos históricos y geográficos relativos a la conquista y colonización rioplatense*, ed. José Torre Revello. Buenos Aires, 1941.
CGC	*Colección Gran Colombiana.* Manuscritos procedentes de la Nueva Granada y propiedad de la Biblioteca Lockwood de la Universidad del Estado de Nueva York en Buffalo.
CGG, MS G-55	*Nómina de la reseña e pagas de los soldados que se hizo por mandado del muy ex.^e señor don martín enrríquez visorrey gouernador e cap.^n jeneral por su mag^+ en esta nueva españa para yr en su rreal seruiçio a las yslas del poniente en los nauios sant. juan e sant. tiago que al presente sestán despachando del puerto de acapulco con el governador doctor ffrançisco de sande e socorro que se enuía al campo de su magestad.* Colección Genaro García, División de Manuscritos, Núm. G-55. Latin American Collection, University of Texas.

Cod Franc	*Códice franciscano: siglo XVI,* ed. Arturo Chávez Hayhoe. México, 1941.
Col Docs Arzob Gd	*Colección de documentos históricos inéditos o muy raros referentes al arzobispado de Guadalajara,* ed. Francisco Orozco y Jiménez. Guadalajara, 1922-1927.
Conqs NL	Israel Cavazos Garza, *Cedulario autobiográfico de pobladores y conquistadores de Nuevo León.* Monterrey, 1964.
Conqs TF	Mario Góngora, *Los grupos de conquistadores en Tierra Firme.* Santiago de Chile, 1962.
Corsarios	*Corsarios franceses e ingleses en la Inquisición de la Nueva España, Siglo XVI.* Archivo General de la Nación - Universidad Nacional Autónoma de México. México, 1945.
Cron N Gal	*Crónicas de la conquista de Nueva Galicia en territorio de la Nueva España.* Instituto Nacional de Antropología e Historia. Guadalajara, 1963.
C V Pbla	Pedro López de Villaseñor, *Cartilla vieja de la nobilísima ciudad de Puebla* (1781), ed. José I. Mantecón. México, 1961.
D Ch SS, I a III	*Colección de documentos inéditos para la historia de Chile.*

	Segunda Serie, ed. José Toribio de Medina. 3 vols. Santiago de Chile, 1956-1959.
Demorizi	Emilio Rodríguez Demorizi, *Familias hispanoamericanas: Vol. I.* Ciudad Trujillo, 1959.
Docs Chile, I a XXX	*Colección de documentos inéditos para la historia de Chile,* ed. José Toribio de Medina. 30 vols. Santiago de Chile, 1888-1902.
Docs Col, I a X	*Documentos inéditos para la historia de Colombia,* ed. Juan Friede. 10 vols. Bogotá, 1955-1960.
Docs Nic, I a XVII	*Documentos para la historia de Nicaragua.* Colección Somoza. 17 vols. Madrid, 1954-1957.
Docs Quiroga	*Documentos inéditos referentes al ilustrísimo señor don Vasco de Quiroga,* ed. Nicolás León. México, 1940.
D Truj	Diego de Trujillo, *Relación del descubrimiento del Reyno del Perú,* ed. Raúl Porras Barrenechea. Sevilla, 1948.
Gd Ind, I y II	Arturo Chávez Hayhoe, *Guadalajara en el siglo XVI.* 2 vols. Guadalajara, 1953-54.
Geo Mx	Alejandra Moreno Toscano,

Geografía económica de México (siglo XVI). México, 1968.

Hark	*The Harkness Collection. Documents from Early Perú: The Pizarros and Almagros, 1531-1578, ed.* Stella R. Clemence. Washington, 1936.
Hist NL	*Historia de Nuevo León* (anónima del siglo XVII), ed. Israel Cavazos Garza. Monterrey, 1961.
Huam	*Libro del Cabildo de la ciudad de San Juan de la Frontera de Huamanga, 1539-1547*, ed. Raúl Rivera Serna. Lima, 1966.
Icaza, I y II	Francisco A. de Icaza, *Diccionario autobiográfico de conquistadores y pobladores de la Nueva España*. 2 vols. Madrid, 1923.
J Dávila	*Relación circunstanciada de Costa Rica hecha por Juan Dávila, natural de Alburquerque*. Manuscrito en el Archivo General de Indias, Sevilla. Documentos Patronato 21, No. 5, Ramo 2.
LCL, I a XII	*Libros de Cabildos de Lima*, eds. Bertram T. Lee y Juan Bromley. 12 vols. Lima, 1935.
Pedrar	Pedro Alvarez Rubiano, *Pedrarias Dávila*. Madrid, 1944.

PHA

Agustín Millares Carlo y José I. Mantecón, *Album de la paleografía hispanoamericana de los siglos XVI y XVII, III, Transcripciones.* México, 1955.

Pleit Guz

Pleito del Marqués del Valle contra Nuño de Guzmán, sobre aprovechamiento de pueblos de la provincia de Avalos, ed. Salvador Reynoso. Guadalajara, 1961.

PLz

Pero López, *Crónica del viaje de Cartagena de Indias a Buenos Aires y la sublevación de Pizarro; Castillo y Hernández Girón (15440-1570).* Manuscrito en la Mandel Collection, Lily Library, Universidad de Indiana.

Protoc, I y II

Agustín Millares Carlo y José I. Mantecón, *Indice y extractos de los Protocolos del Archivo de México, D. F., Tomo I (1524-1528)* y *Tomo II (1536-1538) y (1551-1553).* México, 1945 y 1946.

Quij, I y II

Don Diego Quijada, alcalde mayor de Yucatán, 1561-1565, eds. France V. Scholes y Eleanor B. Adams. 2 vols. México, 1938.

RAHC

Revista del Archivo Histórico del Cuzco. Cuzco, 1950—.

Recás

Guillermo S. Fernández de Re-

	cás, *Cacicazgos y nobiliario indígena de la Nueva España.* México, 1961.
RGV	*Relaciones geográficas de Venezuela,* ed. Antonio Arellano Moreno. Caracas, 1964.
Roa	Luis de Roa y Ursúa, *El Reyno de Chile: 1535-1810.* Valladolid, 1945.
Tapia	W. E. Shiels, S. J., *Gonzalo de Tapia.* Guadalajara, 1958.
Tas	*Libro de las tasaciones de los pueblos de la Nueva España. Siglo XVI.* Archivo General de la Nación. México, 1952.
Tió	Aurelio Tió, *Nuevas fuentes para la historia de Puerto Rico.* San Germán, 1961.

LEXICON

ACANAN. — Quiché. Sacerdote indio. Mérida 1559. «Se volvieron al monasterio y a la casa de los *acananes*» (Arch Yuc, II, 190). Voz perdida.

ACHOTE. — Náhuatl. Arbol pequeño de cuyas semillas se hace una pasta roja usada como tinte y medicina. Perú 1570. «El cual curaba con ciertas palabras y con un poco de *achote*» (PLz, 22v).

AGUACATE. — Náhuatl. Arbol tropical y su fruto comestible; el hueso o semilla es grande. México 1551-95. «Siete *aguacates* y siete camotes» (Tas, 456). «Billetes que le enviaba desde su cárcel, metidos en plátanos y escritos en pepita de *aguacate*» (Carv, 204).

AGÜEYBANA. — Taíno. México 1532. Insuficiente contexto. «Eran portadores de *agüeybana*» (Tió, 92). Voz perdida.*

* Nota del prologuista: Agüeybana: Cacique principal de Boriquén quien se distinguió por su amistad y hospitalidad hacia Juan Ponce de León en 1508. El nombre Agüeybana es frecuente en los textos históricos de Puerto Rico.

AH-KIN. — Quiché. Sacerdote indio. Yucatán 1562. «Sacerdotes que (los indios) llaman *ah-kines*» (Quij, I, 72). «Tenía los corazones de los muchachos en la mano porque es costumbre entre ellos tener los corazones el *ah-kin*» (Quij, I, 73). «El *ah-kin* se levantó y empezó a hacer un sermón» (Quij, I, 108). La aspiración final (h) indica que la palabra no se había adaptado al sistema fonológico del castellano y, por lo tanto, que estaba en un momento muy inicial de incorporación léxica. Voz perdida.

AHUEHUETE. — Náhuatl. Arbol corpulento de la familia de los coníferos. México 1532. «Un árbol de la tierra muy grande y muy gordo que sería *ahuehuete*» (C V Pbla, 46).

AHUYAMA. — Caribe (cumanagoto). Fruto del calabacero. Cartagena 1535. «Una *ahuyama* que es como un melón» (Docs Col, III, 276). Ortografía actual: *auyama*.

AJÍ. — Taíno. Planta pequeña y su fruto que se usa como alimento y como condimento. México 1528-64, Perú 1570. «E çient hanegas de frixoles e çient hanegas de *axí*» (Protoc, II, 34). «Sesenta granos de *ají* seco y quarenta verdes» (Tas, 456). «Darles de mahiz, frisoles e *agí* para sustentamiento de los pobres» (Col Docs Arzob Gd, 12, 221). Variantes: *agí, axí*. Este antillanismo era más frecuente, aun en México, que el náhuatl *chile*.

ALACHEBENIQUE. — Quiché. Jefe o señor. Mérida 1559, Yucatán 1562. «*Alachebenique*, que es en nuestra lengua gran señor» (Quij, I, 107). «Traía mandamiento del *halachuinic* para que se mudasen» (Arch Yuc, II, 182). Variante: *halachuinic.* Voz perdida.

AMOLE. — Náhuatl. Nombre común de varias plantas cuyos bulbos, raíces o frutos se usan como jabón. México 1579. «Se llama *amole* y no *amula,* porque los españoles tienen corrupto el bocablo..., una raíz... con que lavan la ropa..., haze muy gran cantidad de espuma, como xabón» (Gd Ind, 128). Variante: *amula.* Obsérvese la preocupación purista.

ANACONA. — Ver *yanacona.*

ANONA. — Taíno. Arbol tropical y su fruto perfumado y comestible. México 1564-87. «Plátanos y *anonas*» (Gd Ind, 183). «Hay muy gran cantidad de árboles... como son plátanos, aguacates, zapotes, e *anonas,* e mameyes, e guayabas, naranjas» (B Cortés, 216). Hoy es más corriente en muchas partes de América la forma *anón.*

APAZTE. — Náhuatl. Olla de barro de boca ancha. México 1549, Yucatán 1566. «Cuatro ollas y cuatro comales... y cuatro *apastles*» (Tas, 264). «Vio ocho ídolos y tres *apaztes* y tinajas en que habían tenido vino» (Quij, II, 335-6). Variante: *apastle.* Ortografía actual: *apaste.* La variante está más cerca de la forma náhuatl, pero ya aparece la solución *-tl* > *-te.*

AREITO. — Taíno. Danza ceremonial india. México 1532-79, Yucatán 1563-65. «Cantar cantarcillos y remedar a los indios en los bailes de los *araítos*» (Corsarios, 349. «Los ídolos traían... a las iglesias para hacer sus *areítos* y borracheras» (Quij, I,

333). «Sacrificios y *areítos* gentílicos» (Quij, II, 169). Variantes: *araíto, areyto, hareíto.*

ARCABUCO. — Taíno. Arbol tropical; camino techado por ramas y vegetación; bosque espeso o maleza enmarañada. Santa Marta 1527, México 1532, Cartagena 1535, Panamá 1550, Nueva Granada 1554. «Una estancia... que cubre mata de *arabuco*» (Act Pampl, 69). «Pasé un *arcabuco* malo que puede tener tres leguas» (Cron N Gal, 94). «Se fue por el dicho *arcabuco* en su caballo» (Docs Nic, XVII, 99).

ARCABUCOSO. — Derivado de *arcabuco.* México 1535, Nueva Granada 1594. «La tierra es más *arcabucosa* y cerrada de monte» (Cron N Gal, 319). «A la vera y orilla de una quebrada *encabucosa*» (CGC, 31-VII-1594). Variante: *encabucoso.*

ARCABUQUILLO. — Derivado de *arcabuco.* Nueva Granada 1554. «Una ranchería que es entre unos *arcabuquillos*» (Act Pampl, 83).

AREPA. — Caribe (cumanagoto). Pan o torta de maíz. Santa Marta 1548. «Al tiempo que van (los indios) a la mar, solamente les dan a cada uno una tortilla de maíz que dicen *arepa*» (Docs Col, IX, 253). «Tres *arepas* de maíz cada día» (Docs Col, IX, 275).

ATOLE. — Náhuatl. Bebida hecha de harina de maíz y agua. México 1564. «Va por las casas a darles *atole* e otras cosas de refrigerio» (B Cortés, 233).

AYATE. — Náhuatl. Tela hecha de hilo de maguey. Yucatán 1563. «Se gastó (oro) en *ayates* y alpargatas» (Quij, I, 304). «Dio a un indio... una camisa y *ayate*» (Quij, I, 318).

B

BAHAREQUE. — Taíno. Pared o tapia hecha de cañas, paja u hoja de palma; choza. Panamá 1543-51, Nueva Granada 1555, Cuba 1576. «Que se limpien las calles... por junto a los *bahareques*» (Act Pampl, 125). «Solares que... no están medidos ni en ellos no hay hasta agora otra cosa sino cerca de *baharequez*» (AHC(III, 69). Variante: *baareque;* plurales en *-s* y en *-z*. Ortografía actual: *bajareque.*

BAQUEANO. — Origen incierto. Soldados viejos, conocedores del terreno y la gente. Perú 1570. «Los *vaqueanos,* que en Ytalia llamamos soldados viejos» (PLz, 53v). Variante: *vaqueano.* Según Pedro Henríquez Ureña (*Para la historia de los indigenismos,* Buenos Aires, 1938, p. 117) es un tainismo; para Joan Corominas (*Breve diccionario etimológico de la lengua castellana,* 2da. ed., Madrid, 1967, p. 84) es de origen árabe, de *baqîya* «el resto lo que queda» y se le aplicó a los que por *quedar* de expediciones anteriores tenían conocimiento práctico de la región. Aunque el contexto al referirse a «soldados viejos» parece confirmar la opinión de Corominas, no es suficiente para excluir la posibilidad de que sea un indigenismo, particularmente por el propio Corominas admite que la voz se empezó a usar en América. Ortografía actual: vacilación entre la forma que encabeza el epígrafe, y *baquiano.*

BARBACOA. — Taíno. Parrilla hecha de varillas de madera, para cocinar sobre el fuego, o para servir de estante; embarcación hecha de varillas tejidas; lugar donde se cocina y come; edificación cuyas paredes están hechas de varillas. Panamá 1543, México 1547-87, Santa Marta 1548, Cartagena y Nueva Granada 1549, Bogotá 1550, Yucatán 1562, Perú 1572. «Estando... en una *barbacoa* del dicho pueblo después de aver cenado cuando... oyó unas vozes... se levantó de la *barbacoa*» (Docs Nic, VIII, 150). «los indios han de poner el maíz en las *barbacoas*» (Docs Col, X, 217). «Quemó ciertos indios en *barbacoas*» (Docs Col, X, 22-23). «Los (procesos) que estaban en el escritorio puestos en unas *barbacoas*» (Docs Col, X, 345). «Varillas cortadas de éstas con que se hacen *barbacoas*» (Quij, I, 100). «Pasáronle (el río) en una *barbacoa* o zarzo» (Gd Ind, 176).

BATAB. — Quiché. Jefe o señor. Yucatán 1558-66. «Juan Uluac, *batab* del dicho pueblo» (Arch Yuc, II, 77). «El dicho Francisco (un español)... deshonró al *batab* y a los demás indios» (Arch Yuc, II, 81). La *-b* en final de palabra, ajena al sistema fonológico castellano, indica que la incorporación léxica estaba aun en una etapa inicial. Voz perdida.

BATATA. — Taíno. Planta de raíz comestible. México 1531-94, Venezuela 1550. «Cinco jitomates... veinte tunas y diez *batatas*» (Tas, 421). «No hay frutas ni *batatas* ni otras cosas que les parezca como es yuca» (Cron N Gal, 281). Esta palabra antillana fue de uso preferido aun en México, aunque luego fue desplazada en muchas regiones por el nahuatlismo *camote*. Para la derivación de *patata* véase *papa*.

BEJUCO. — Taíno. Liana, rama larga, flexible y fuerte que puede usarse a manera de cuerda. Santa Marta 1520, Cartagena 1537, Yucatán 1562, Perú 1570. «Se cercaron dos solares de cañas ... y guanos ... y *bejucos*» (Docs Col, I, 72). «Atado con unos *bejucos*» (Quij, I, 118). «Un puente de sogas de *vejucos*» (PLz, 47). «Muertos ... 7 caballos de comer ciertos *bejucos* ponzoñosos» (Docs Col, IV, 339). Variante: *vejuco.*

BENEQUÉN. — Ver *venequén.*

BILCHAO. — Taíno. Planta de hojas largas que se usan para atar, envolver o techar. Perú 1570. «Atan ... con unas hojas de árboles que llaman *bilchaos*» (PLz, 43v). Ortografía actual: *bijao.*

BOHÍO. — Taíno. Choza india; cualquier edificación sencilla hecha o techada de guano o material similar. Darién 1514-48, Santa Marta 1526-48, Honduras 1528, Venezuela 1533-97, Perú 1534-71, Cartagena 1535-49, México 1542, Nueva Granada 1549, Panamá 1550, Cuba 1566-79, Bogotá 1587. «El *bohío* de la cocina de la dicha casa» (Docs Col, I, 69). «Fue a la casa junto a los *buhíos* para ver lo que pasaba» (Docs Nic, XVII, 98). «Llegué a un pueblo de 19 *bohíos* ... donde hice paces con los indios» (Docs Col, I, 199). «Armar el dicho *bohío* y hacer el sobrado y escalera de él, y asentar las puertas de abajo, y hacer los cuatro pares de puertas de arriba» (Docs Col, I, 72). Variantes: *boyo, buhío, bujío.* Obsérvese que en la última cita la complejidad arquitectónica indica que se usaba en algunos casos como sinónimo de *casa.*

BONIATO. — Taíno. Variedad de la batata y de

otras viandas comestibles; adjetivo que indica que es variedad comestible. Honduras 1526, Cuba 1585. «Tráhenles de comer (los indios a los españoles) maíz i de una yuca que llaman *boniata,* i se come cruda i cocida i asada» (Docs Nic, I, 176). «Las legumbres que se cojeren en la estançia de coles, navos, ... *boniatos,* arroz» (APH, 384). Variante: *boniata* (esta forma no sólo como adjetivo aplicado a sustantivos femeninos, sino también como sustantivo propiamente dicho).

BUCÁN. — Caribe. Barbacoa, parrilla para asar. Cuba 1579. «Quatro asadones y quatro machetes ... y dos burenes ... y dos *bucanes* y una piedra de amolar y una toa ... y dos guanaxas y un guanaxo» (APH, 209). Origen probable de *bucanero,* por asar éstos carne en las playas. La etimología que da Marcos A. Morínigo (*Diccionario de americanismos,* Buenos Aires, 1966), del guaraní *moca,* parece altamente improbable. La cita anterior, tomada de una relación de aportaciones a una compañía constituida por documento notarial, demuestra que ya en la fecha estaba la palabra incorporada al léxico de los pobladores de Cuba; es prácticamente imposible que esto ocurriera con una voz guaraní en fecha tan temprana.

BURÉN. — Taíno. Plancha de barro para cocinar la torta de cazabe. Cuba 1579. «Dos *burenes* ... y dos bucanes y una piedra de amolar y una toa» (APH, 209).

C

ÇABANA. — Ver *sabana.*

CABUYA. — Taíno. Planta fibrosa, y la cuerda que

de ella se hace; medida lineal, probablemente equivalente al *cordel*. Tucumán 1582, Nueva Granada 1594. «*Cabuya* que sirve de cáñamo» (CCR, 80). «De este dicho mojón y sitio, para quadralle la dicha estanzia, se le midió el otro largo que son otras 16 *cabuyas*, corriendo la *cabuya* asia el pueblo de Simijaca» (CGC, 31-VII-1594). «El otro pedazo tiene una *cabuya* en quadra, también sembrado de trigo» (CGC, 31-VII-1594).

CACAGUATAL, CACAGÜETAL. — Náhuatl. Campo de cacaos o de cacahuetes, véase más adelante en este mismo epígrafe. México 1536-42, Yucatán 1562. «Estar destruidos los *cacagüetales* de (por) los temporales (Tas, 161). «Un *cacagüetal* de 20,000 árboles» (Tas, 169. «Todos los pies de *cacaguatal* que tenemos labrados e edificados en el dicho pedaço de tierra» (APP, I, Doc 6). «Un indio en un *cacaguatal suyo*» (Quij, I, 166). La referencia a «árboles» en la segunda cita hace pensar que se trata de un campo de cacao; en cambio «pies» en la tercera cita parece indicar un campo de cacahuete. Es muy probable que las dos palabras se usaran indistintamente para indicar campos de los dos cultivos. El hecho de que *cacahuete* en su forma náhuatl sea un compuesto del que forma parte *cacao* (*tlalcacáuatl*, compuesto de *tlalli* «tierra» y *cacáuatl* «cacao») brinda mayor fuerza a la teoría anterior. La situación al presente es también confusa. Ortografía actual: *cacahuatal;* para esta forma Francisco J. Santamaría (*Diccionario general de americanismos*, México, 1942) da el significado «campo de cacahuetes», pero para la misma Marcos A. Morínigo (*Diccionario de americanismos*, Buenos Aires, 1966) da «campo de cacaos».

CACAO. — Náhuatl. Arbol, y su semilla de la que se hace el chocolate. México 1525-55, Tabasco 1550, Guatemala 1550-58, Yucatán 1558-64, Perú 1571. «No le dan (los indios) nyngund tributo más de beneficiarle una huerta de *cacao* que tiene puesta» (Icaza, II, 251). «Les mandaban pagar a cada uno dos reales en plata o en *cacao*» (Quij, I, 26). «Pagan a los indios canteras y a los peones en *cacao*» (Quij, II, 201). Obsérvese que los españoles lo usan como moneda, igual que los aztecas antes de la conquista.

ÇACATE. — Ver *zacate.*

CACÍN. — Quiché. Idolo. Yucatán 1562. «Idolos que nombraban ellos *caçines*» (Quij, I, 51). Voz perdida.

CACICAZGO. — Derivados de *cacique.* Yucatán 1562-65, Bogotá 1585. «Le condenamos en privación del *cacicazgo*» (Quij, I, 194). «Los hijos de hermanas de los caciques ... sucedan en los *cacicadgos* de los tíos» (ARASF, 90). Variante: *cacicadgo.*

CACIQUE. — Taíno. Jefe o señor. Darién 1520, Santo Domingo 1524, Tierra Firme 1525-27, México 1525-72, Cuba 1526, Santa Marta 1526-37, Nicaragua 1529-34, Perú 1534-83, Cartagena 1535-37, Panamá 1536, Guatemala 1547-58, Nueva Granada 1549, Chile 1558, Mérida 1559-61, Yucatán 1561-62, Costa Rica 1566, Río de la Plata 1569, Tucumán 1582, Bogotá 1583-85, Venezuela 1594. El femenino CACICA en Darién 1514, México 1532, Panamó 1536. «Los yndios *caciques* e prencipales» (Docs Nic, VIII, 475). «Venía el *cacique* con la resta del tributo» (Arch Yuc, II, 297). «Tienen *caçiques,* aunque mal obedecidos» (CCR, 79). «Una mujer vieja, *cacica* de dicho pueblo» (Pleit Guz, 61). Variantes: *cazique, cazica.*

CACLE. — Náhuatl. Sandalia de cuero. México 1532. «Ochenta pares de *cacles*» (Pleit Guz, 90).

CACHALISTE. — Náhuatl. Fibra vegetal. México 1585. «Ocho arrobas de *cachaliste* en hebra para un chinchorro» (APP, 5-XI-1565). Voz perdida.

CAIMÁN. — Caribe. Reptil parecido al cocodrilo que habita las aguas continentales de América. Es feroz y peligroso, y tiene piel escamosa y dura. México 1532, Perú 1570. «Sus armas heran muy buenos arcos y flechas y rodelas de *caymanes* muy grandes» (Cron N Gal, 56). «Los ríos están llenos de *caimanes,* que son lagartos de agua» (Cron N Gal, 58). «Lagartos, *caimanes,* que no perdonan cosa viva que en el agua hallan» (PLz, 17). Variante: *caymán.*

CAIMITO. — Taíno. Arbol, y su fruto dulce y comestible. Perú 1571. «Havía fruta de la tierra mucha como ... guayavas, *caymitos*» (D Truj, 46). Variante: *caymito.*

CAJETE. — Náhuatl. Vasija de barro. México 1549, Yucatán 1562. «Cuatro ollas y cuatro comales y cuatro *cajetes*» (Tas, 264). «Echó copal en un *cajete* con brasas» (Quij, I, 140). «Los *cajetes* en que pusieron el dicho corazón los llaman zuhuylac» (Quij, I, 143).

CALPIXQUE. — Náhuatl. Capataz de hacienda, encargado de los repartimientos de indios, y del cobro de tributos. México 1531-64, Nueva Granada 1549, Cartagena 1550, Bogotá 1577, Chile 1583. «Tenía sus mayordomos ... e *calpisques* españoles» (Pleit Guz, 70). «*Calpiste* o estanciero de indios» (ARASF, 44). Variantes: *calpisque, calpiste.*

CALPIXTENGO. — Derivado de *calpixque.* México 1533. «Es villa e término e *calpixtengo* por sí» (B Cortés, 169).

CALPUL. — Náhuatl. Miembro de una junta o consejo de gobierno de los aztecas. México 1564. «Mandó a Francisco Tecpanecal ... e Gaspar Caltonal, *calpules* e principales de la estancia» (B Cortés, 213). «Que los principales e *calpules* de esta dicha villa no escondan los indios tributarios» (B Cortés, 181).

CALPULAL. — Derivado de *calpul.* México 1564. «Las tierras *calpulales* que ellos tienen» (B Cortés, 204).

CAMOTE. — Náhuatl. Batata. México 1551-64, Perú 1571. «Cogen ... calabazas, melones e *camotes*» (B Cortés, 179). Durante el siglo XVI esta voz mexicana es menos usada, aun en tierras del náhuatl, que el antillanismo *batata.*

CANEY. — Taíno. Edificación similar al bohío, pero de mayor tamaño y destinada al uso de caciques e indios principales. México 1532. «Una casa muy grande que se dice *caney*» (Tio, 52).

CANOA. — Taíno. Embarcación india, usada también por los españoles, hecha generalmente de un tronco ahuecado. Darién 1514-20, Santo Domingo

1524, Santa Marta 1526-50, Tierra Firme 1527-29, México 1532-87, Venezuela 1546-97, Nueva Granada y Cartagena 1549, Bogotá 1550, Cuba 1569-85, Perú 1570-71, Tucumán 1582. «Llevando una *canoa* del ... tesorero en que ... solían ir a pescar» (Docs Col, I, 64). «Embarcadero de *canoas*» (ACH, II, 108). «Rescató una *canoa* en carey en cincuenta pesos y cuatro tomines» (Conqs TF, 28). (Alquilar *canoas* para subir el río arriba» (PLz, 16). «Estas *canoas* ... son hechas de un árbol grueso, liviano, que se llama ceiba» (PLz, 16v). «Podríase subir en una *canoa* que la bogasen cuatro negros» (Docs Col, X, 198). Aunque el nombre se toma de la embarcación típica de los taínos, designó todo tipo de embarcación pequeña de remo.

CANOERO. — Derivado de *canoa.* Santa Marta 1548-49. «*Canoeros* y mayordomos» (Docs Col, IX, 256). «Los *canoeros* les daban de azotes con un rebenque» (Docs Col, IX, 264). «Los *canoeros* que han tenido cargo del gobierno de las dichas canoas» (Doc Col, I, 250). No se trata de tripulantes o remeros, sino de los que tenían a éstos y a las canoas a su cargo.

CAOBA. — Taíno. Nombre genérico de varios árboles de madera dura, de color oscuro. México 1531, Cuba 1579. «Cuatro cargas de leña y *caoba*» (Tas, 239). «Ciento cuarenta tablones de *cahobán,* de la marca questá mandado cortar para el rey» (APH, 50). Variante: *cahobán.* La distinción entre «leña» y «caoba», y el hecho de que se marcara la quinta del rey, indican que ya por entonces se la tenía por preciosa.

CAREY. — Taíno. Tortuga de mar de gran tamaño, y su concha que tiene mucho valor. Tierra Firme 1529. «Rescató una canoa en *carey* en cincuenta pesos y cuatro tomines» (Conqs TF, 28). El contexto no es muy esclarecedor, pudiera tratarse de una canoa llena de *carey*, pero parece más probable que se tratara de una sola concha de tamaño suficiente para ser usada como canoa.

CARIBE. — Caribe. Antropófago (es la forma original de «caníbal») y, por extensión, animales o insectos que atacan al hombre, o que comen carne humana. México 1532, Bogotá 1550, Perú 1570. «Es gente que ningún género de vergüenza tienen, son *caribes* ... pecan en el pecado nefando» (PLz, 16). «Hay hormigas *caribes* y mosquitos que dan pena» (PLz, 17). «Llámanse (los indios) chiriguanas, quiere decir en nuestra lengua *caribes*» (PLz, 56v). Aunque la palabra es el nombre de una familia indoamericana, y de su lengua, se usó mucho con el significado arriba indicado, como resulta evidente de los contextos. El hecho de que ni en México, ni en Bogotá, ni en el Perú hubiera indios de la familia caribe confirma lo dicho. Obsérvese la total incorporación al español que tan claramente señala la frase «en nuestra lengua» de la última cita.

CARICURÍ. — Caribe (cumanagoto). Pieza, generalmente de oro, usada en la nariz a manera de adorno por varios grupos indios. Tierra Firme 1529, Cartagena 1535-37, Venezuela 1546, Perú 1570. «Se rescataron las hachas por un *caricurí* que pesó quatro pesos y dos tomines» (Conqs TF, 28). «Oro en *caricuríes,* que es (sic) ciertas piezas que se ponen a las narices» (Docs Col, IV, 343). Variante: *carcurí;* plural en *-s,* y en *-es.*

ÇAVANILLA. — Ver *sabanilla.*

CAZABE. — Taíno. Pan o torta de harina de yuca. Darién 1516, Honduras 1526, Santo Domingo 1528-35, Santa Marta 1528-50, Cartagena 1535, Cuba 1567-79, Perú 1571, Venezuela 1560-94. «Enviaba acá (de Santo Domingo a Santa Marta) un navío cargado de pan *caçabi*» (Docs Col, I, 348). «Todos los vecinos del pueblo que tienen *casabi* y carne, que es el bastimento con que se ha de sustentar la gente de la dicha armada» (ACH, II, 89). «Venden el *casabi* por tortas muy delgadas que no pesan un cuarterón» (ACH, II, 143). «Hallamos ... mucha yuca, de que hizimos mucho *cazabe*» (D Truj, 47). Variantes: *caçabi, caçaby, caçavi, casabe, casabi, cazabi cazaby cazave.*

CEBORUCO. — Taíno. Arrecife, piedras o rocas ásperas. México 1532, Yucatán 1563. «Hallamos un vado no muy bueno, porque era un paso de *ceborucos* donde los caballos pasaban con harto trabajo» (Cron N Gal, 124). «De piedra, laja y *seborucos*» (Quij, II, 124). Variante: *seboruco.*

CEIBA. — Taíno. Arbol, para más detalle véase la cita. Perú 1570. «Un árbol grueso, liviano, que se llama *ceiba,* que da una fruta de manera de moras» (PLz, 16v).

CEMETU. — Arahuaco. Anciano encargado de guardar la tradición oral de la tribu. Venezuela 1575. «Entre ellos hay viejos sabios a quienes ellos llaman *cemetú*... predican recordando las memorias y hazañas de sus antepasados» (RGV, 84). Voz perdida.

CENOTE. — Quiché. Pozo, y particularmente el usado por los mayas para sacrificios humanos. Yucatán 1562-64. «Echar en el pozo o *cenote* de Chichen Itza muchachos en reverencia de los ídolos» (Quij, I, 73). «Tres muchachos para los echar vivos en el *cenote*» (Quij, I, 75). «Y (los ah-kines) echaron el cuerpo con la cruz y todo en el *cenote*» (Quij, I, 117). «Se había caído en un *cenote* yendo a buscar guano» (Quij, I, 164). «Lagunas hondas que llaman *cenotes*» (Quij, II, 70).

CITAGUA. — Probablemente náhuatl. El contexto es insuficiente, pero parece ser algo relacionado con la agricultura. México 1543. «Harán una simentera de treinta *citaguas,* que tenga cada *citagua* 20 brazas» (Tas, 211). Voz perdida.

COA. — Taíno. Palo usado para arar y cavar. México 1562. «Cincuenta *coas* hechas en Sevilla ... a dos y cuarto rreales cada una» (APP, 16-X-1562). Un artefacto indígena no se importaría de España a México, por lo que se debe entender que la palabra se usaba como sinónimo de «arado».

COASTLE. — Náhuatl. Tejido burdo, hecho generalmente con fibra de coco. México 1559. «Diez cargas de mantillas que los indios llaman patol *coastle*» (Tas, 564).

COCA. — Quechua. Arbusto andino, y su hoja de la que se obtiene la cocaína; los indios mascan la hoja por su efecto estimulante. Perú 1570-72. «Los vecinos de esta ciudad tienen su renta en hierba la cual se llama *coca;* ésta es como un zumacal, aunque la hoja es mayor» (PLz, 48). «Cargan esta *coca* en carneros que son como camellos»

(PLz, 48). En la última cita «carneros que son como camellos» es una referencia a *guanaco, llama* (no documentada) o *vicuña.*

COCOLISTLE. — Náhuatl. Cualquier enfermedad epidémica. México 1547-77. «Por avérsele muerto en el *cocolistle* todos los esclavos que su marido le dexó» (Icaza, II, 68). «La enfermedad del *cocoliste* que a andado en este presente año ... en ... la Nueva Galicia» (Col Docs Arzob Gd, III, 81). Variantes *cocoliste.* Obsérvese la vacilación que produce dos soluciones, *-tle* y *-te,* al grupo consonántico final del náhuatl, *-tl.*

COMAL. — Náhuatl. Disco de barro delgado, usado para cocinar. México 1532-49, Yucatán 1552-53. «Diez costalejos de ají e veinte panes de sal, e muchos *comales e ollas*» (Pleit Guz, 63). «Ollas, cántaros y *comales*» (Quij, II, 104).

ÇONTLE. — Ver *zonte.*

CONUCO. — Taíno. Huerta, pequeña parcela de terreno dedicada a la agricultura. Darién 1517, Santo Domingo y Honduras 1526, Cartagena 1537, Santa Marta 1538-50, Cuba 1566-79, Venezuela 1590-93. «Y envió a todas las estancias y *conucos* de esta dicha ciudad» (Docs Col, I, 59-60). «A ellos (los ídolos) encomiendan sus *conucos* e haziendas» (Docs Nic, I, 177). «Laçaro Bázquez ... para labrar sus *conucos* y sementeras» (ACC, I, 152). «Un *conuco* que tiene rozado» (AHC, II, 247). El antillanismo desplaza a *roza,* sustantivo, pero se mantiene el adjetivo *rozado.*

CONUQUERO. — Derivado de *conuco.* Cuba 1585. «*Conuqueros,* harrieros» (APH, 310).

CONUQUILLO. — Derivado de *conuco*. Venezuela 1597. «Unos matorrales para *conuquillos* de los indios» (ACC, I, 456).

COPAL. — Náhuatl. Nombre genérico de la resina de varios árboles, se usa como incienso. México 1550-73, Yucatán 1562-63. «He andado comprando plátanos y *copal*» (Corsarios, 356). «Quemando *copal* porque lloviese» (Quij, I, 254). «El sacrificio que hicieron fue que quemaron *copal* a cinco o seis ídolos de barro» (Quij, I, 139). «Al tiempo que se hizo el dicho sacrificio ... (el ah-kin) echó *copal* en un cajete con brasas, y con su capa echaba aire para que subiese el humo del *copal*» (Quij, I, 140).

COPO. — Quiché. Nombre común a varias especies de árboles americanos. Yucatán 1562. «Enramaban la iglesia con hojas de un árbol que se llama *copo*» (Quij, I, 152).

COYOL. — Náhuatl. Palmera de las tierras intertropicales americanas. Yucatán 1562. «Traía (el indio) un *coyol*, que entre ellos es señal cuando quieren guerra» (Quij, I, 54). Pudiera tratarse de una rama, más bien que de la palmera en sí.

COYOTE. — Náhuatl. Mamífero carnicero de la familia de los cánidos. México 1580. «En los montes ... ay ... leones y gatos y *coyotes*» (Gd Ind, 112).

COZISTE. — Probablemente náhuatl. El contexto es insuficiente, pero evidentemente está relacionado con la agricultura. México 1543. «Dos *cozistes* para la huerta» (Tas, 211). Voz perdida.

CU. — Náhuatl. Montículo o pirámide trunca para uso religioso; por extensión, cualquier templo indio. México 1531-47, Perú 1538, Yucatán 1562. «Fue a Apazco a derribar los *cúes*» (Icaza, II, 331). «Tienen sus *cúes* altos hechos de adobes, con sus gradas» (Cron N Gal, 326). «Del oro y plata y otras cosas que se hallaren en sepulturas ... *cúes* y otras partes» (LCL, I, 186). «Otros *cúes* pequeños que estaban al derredor del dicho *cúe*» (B Cortés, 107-108). «Un peñol que estaba cabe el río, donde avían un *qûe*» (Cron N Gal, 49). Variante: *cúe, qûe.* La formación regular del plural, que exige *-es,* produce en el singular la variante terminada en *-e.* Francisco J. Santamaría (*Diccionario general de americanismos,* México, 1942) sostiene que es un préstamo del quiché al náhuatl, pero lo cierto es que los españoles tomaron la voz de la última lengua.

CUTARA. — Probablemente taíno. Chancleta, sandalia, calzado basto. México 1531-48. «Ropa e *cutaras,* sal e ají» (Pleit Guz, 15). «Cuarenta pares de *cutaras*» (Tas, 74). «Diez *cotaras* de nequén» (Tas, 315). Variante: *cotara;* hoy continúa la vacilación entre las dos formas, aunque la que encabeza el epígrafe es más corriente.

CUZCA. — Probablemente quiché. El contexto es insuficiente, pero parece ser algo de origen vegetal. Yucatán 1562. «Tiene ofrecidas diez *cuzcas* al demonio» (Quij, I, 63). «Una braza de *cuzcas*» (Quij, I, 101). «Dieron las cuentas y *cuzcas*» (Quij, I, 94). Voz perdida; la acepción moderna que aparece en los diccionarios de americanismos (prostituta), no es un indigenismo sino que procede de los asturianismos *cuzca* o *cuza,* es decir, *perra.*

CH

CHACMOLE. — Náhuatl. Guiso adobado con chile. Yucatán 1562. «Venado hecho en *chacmole*» (Quij, I, 139). Ortografía actual: *chirmole.*

CHACO. — Quechua. Cacería o montería en que se estrecha en círculo la caza. Perú 1571. «La gente de guerra eran idos a hacer un *chaco*» (D Truj, 60).

CHACRA. — Quechua. Granja, finca dedicado al cultivo. Chile 1564-82, Perú 1572, Tucumán 1582, Venezuela 1599. «Las tierras e *chacras* que tienen cerca» (D Ch SS, I, 1). «Un lugarejo cerca de las *chácaras* de coca de los Andes» (D Ch SS, I, 462). Variante: *chácara.*

CHAGUALA. — Caribe (cumanagoto). Adorno personal indio, generalmente oro o plata. Tierra Firme 1529, Venezuela 1594. «Rescataron tres hachas en dos *chaguales* que pesaron cinco pesos» (Conqs TF, 28). Variante: *chagual.*

CHALCHUITE. — Náhuatl. Esmeralda, y en general piedras preciosas y semipreciosas. Yucatán 1565-66, México 1580. «Componían y adornaban con mantas y *chalchuites* y platas y plumas» (Gd Ind, 109). «Les tomaron *chalchilmites* y piedras coloradas y cuentas» (Quij, II, 214). «Idolos de madera y barro y *chacxibites*» (Quij, II, 340). Variantes: *chacxibite, chalchilmite.* Ortografía actual: *chalchihuite.*

CHAÑAR. — Quechua. Arbol de fruto comestible. Tucumán 1582. «No tiene frutas más que ...

tunas ... y *chañar*» (CCR, 80). «Sustentávanse (los indios) de mayz, frisoles ... rrayzes ... y *chañar*» (CCR, 79-80).

CHAÑARAL. — Derivado de *chañar*. Tucumán 1582. «Tienen munchos algarrobales de ynportancia, y entre ellos *chañarales*» (CCR, 81).

CHAQUIRA. — Cuna. Grano color rojo o violeta que, ensartado, servía como adorno personal; por extensión, canutillo de colores vivos. México 1535, Bogotá 1549, Perú 1571, Tucumán 1573-82. «Les tomaban las mantas e *chaquira*, que es aquellas turquesas» (Cron N Gal, 325). «*Chaquira* de oro ... y de hueso» (D Truj, 47). «Las camisetas ... hechas de lana y tejidas ... con *chaquira* a manera de malla menuda» (CCR, 69). «Mantas ... con *chaquira* labrada» (CCR, 84).

CHASQUI. — Quechua. Mensajero, portador de envíos. Perú 1583-86, Chile 1587. «Tuve hoy ... un *chasquis* del corregidor de Trujillo» (D Ch SS, III, 300). «Los despachos que con un *chasqui* ... os enviaré» (D Ch SS, III, 377). «Llegó a esta ciudad un *chasque* o correo de a pie, con un pliego de cartas ... de Potosí» (D Ch SS, III, 166). Variantes: *chasque*, *chasquis*.

CHASQUISTA. — Derivado de *chasqui* (sinónimo). Chile 1587. Despachar *chasquistas*, provisiones y cartas al Cuzco» (D Ch SS, III, 368). Voz perdida.

CHIA. — Náhuatl. Planta, su semilla, y el refresco que se prepara con ésta. México 1544-80. «Le hagan (los indios) una simentera de *chía*» (Tas,

158). «Cañas dulces e otras frutas que son jícamas e tomates e *chías*» (B Cortés, 219).

CHICOTEA. — Taíno. Tortuga pequeña, la carne y los huevos son comestibles. Perú 1570. «En las playas (hay) muchos huevos enterrados en la arena de iguanas y *chicoteas*» (PLz, 17). Ortografía actual: *jicotea.*

CHICHA. — Cuna. Bebida alcohólica; la que hacían los indios centroamericanos era de maíz pero los españoles generalizaron el nombre. México 1532. Perú 1533-71. «No beben *chichas* ... (porque) no tienen magueyes» (Cron N Gal, 281). «El sacrificio que hacen es de ovejas, e hacen *chicha* para verter por el suelo» (RAHC, núm. 10, 103).

CHICHIGUA. — Náhuatl. Nodriza. Yucatán 1561. «Mandó a los indios ... que den ... una india *chichigua* que le críe lo que su mujer ... pariere» (Quij, I, 7). «Apremie a los dichos indios a que den la dicha *chichigua*» (Quij, I, 8).

CHILACATLE. — Náhuatl. Planta acuática. México 1555. «Cacao de Sucunusco ... que sea bueno ... sin que tenga *chilacatle* y pastlaste» (APP, 8-1-1555). Ortografía actual: *chilacastle.*

CHILE. — Náhuatl. Nombre genérico de todas las variedades del ají o pimiento. México 1540-87, Guatemala 1558. «Algunas tortillas e tamales e *chile*» (B Cortés, 241). «Mucho algodón, maíz y *chile*» (Gd Ind, 182). Menos común en la época, aun en México, que el tainismo *ají.*

CHIQUIHUITE. — Náhuatl. Cesta de tejido vegetal. México 1531-52, Guatemala 1551, Yucatán 1563. «Dos *chicouites* de tortilla» (Tas, 357). «Siete *chicobites* de cera en pelotillas» (Tas, 453). «Un *chiquihuite* de la fruta que hubiere, que tenga una cuarta de vara en alto y una tercia en ancho» (Tas, 651). Variantes: *chequevite, chicobite, chicouite, chicovite, chicubite, xicubite.*

CHIRIGUANA. — Chiriguano, de la familia del tupí-guaraní. Antropófago; al igual que *caribe* (véase), en los contextos no tiene implicación étnica. Perú 1570, Tucumán 1582. «Llámanse *chiriguanas*, quiere decir en nuestra lengua caribes» (PLz, 56v). «Son yndios *chiriguanaes*, que comen carne humana» (CCR, 81). Con este significado la voz se ha perdido.

CHIUL. — Probablemente náhuatl. Contexto insuficiente, debe ser un cacharro de cocina. México 1548. «Veinte ollas y veinte cántaros y veinte comales y veinte *chiules*» (Tas, 315). Voz perdida.

CHOCOLATE. — Náhautl. Bebida hecha con cacao. México 1595. «Matarle dándole alguna cosa (venenosa) en un tecomate de *chocolate*» (Carv, 138).

CHULUL. — Quiché. Nombre común a varios árboles maderables. Yucatán 1562. «Preguntole más de qué eran los clavos con que habían crucificado al niño, y dijo (el indio) que de *chulul* ... y no de hierro» (Quij, I, 163).

D

DAMAHAGUA. — Taíno. Majagua, planta que crece en pantanos y tierras húmedas cuya corteza se usa para hacer cuerdas; la cuerda hecha de dicha corteza. Cuba 1585. «Una fragata ... con todos sus aparejos ... una amarra de *damahagua* ... y escotas y amantillos necesarios de *damahagua*» (APH, 373). Ortografía actual: *damajagua* o *demajagua,* y *majagua;* la última es la más corriente hoy.

E

ELOTE. — Náhuatl. Mazorca de maíz tierno. México 1564. «Estando el maíz en *elote,* que es antes que se seque» (B. Cortés, 244).

ENAGUA. — Taíno. Falda o sayuela. México 1531-54, Yucatán 1553, Cuba 1585. «Den ropa para esclavos, cada vez ... cien camisas y *naguas*» (Tas, 146). «Veinte *naguas* ricas» (Tas, 171). «Quince cargas de *enaguas* y camisas» (Tas, 1). «*Naguas* de cuero» (Cron N Gal, 175). «*Naguas* de lienço» (APH, 305). «Las mujeres traen sus *naguas* ... que les llegan hasta los tobillos» (Cron N Gal, 271). Variante: *nagua.* La forma que encabeza el epígrafe es la actual; ya se documenta, aunque con menor frecuencia, en el siglo XVI. La forma original, y más frecuente en la época, es la que aparece como variante.

ENCABUCOSO. — Ver *arcabucoso.*

EQUIPAL. — Ver *quipal.*

G

Gaygua. — Origen incierto. Contexto insuficiente; parece ser pedrería, canutillo o semillas usadas para adornar. México 1532. «Hallaron ... muchas piedras y muy infinitas de *gaygua*» (Tio, 63). Las características fonológicas y morfológicas parecen indicar un indigenismo, más específicamente un arahuaquismo; como aparece una sola vez, y en una sola fuente, no se puede descartar la posibilidad de un error en la transcripción. Voz perdida.

Guaca. — Quechua. La sepultura de personaje importante que se enterraba con joyas y objetos de valor. Cartagena 1537, Perú 1570. «Una *guaca* o adoratorio» (PLz, 49v). «Les decía que en los caballos ... no podrían traer tanto oro cuanto en sólo aquel buhío que ellos llaman *guaca* había, que es como casa de adoración» (Docs Col, IV, 247).

Guachichil. — Náhuatl. Planta de la que se extrae un tinte amarillo o rojizo. México. 1540. «Ocho cargas de algodón *guachichiles*» (Tas, 90). Probablemente algodón teñido.

Guachol. — Probablemente náhuatl. Contexto insuficiente, tiene relación con tejidos o ropas. México 1545-48. «Treinta cargas de patoles *guacholes*» (Tas, 612). «Cuarenta cargas de ropa, y por cada carga doscientos ochenta patoles *guachiles*» (Tas, 398). Variante: *guachil*. Voz perdida, aunque pudiera ser *guachichil*.

Guamóchal. — Derivado de *guamúchil*. México 1532. «Una estancia que le pusimos de nombre el *Guamóchal* porque era toda poblada de unos árboles que tienen fruta que se llaman *guamócheles*» (Cron N Gal, 146).

GUAMUCHIL. — Náhuatl. Arbol de fruto comestible. México 1532. «Tiene frutas, ciruelas y guayabas y *guamúchiles*» (Cron N Gal, 110). «Unos árboles que tienen fruta que se llaman *guamócheles* (Cron N Gal, 146). Variante: *guamóchel.*

GUANACO. — Quechua. Animal andino de carga. Tucumán 1582. «Tienen muchas caças y aves como son liebres, venados ... *guanacos*» (CCR, 80). «Tienen la puna cerca, donde tienen ... *guanacos*» (CCR, 83).

GUANAXO. — Taíno. Pavo americano. Cuba 1579. «Ocho gallinas y un gallo, y dos patas y un pacto (sic), y dos *guanaxas* y un *guanaxo*» (APH, 209). Ortografía actual: *guanajo.*

GUANÍN. — Taíno. Oro y otros metales de baja ley, y los adornos hechos de ellos. Darién 1514-16, Panamá 1524, Cuba 1526, Nicaragua 1528-29, México 1532, Venezuela 1565. «Oro de canutillos y piezas labradas de *guanines*» (Conqs TF, 113). «Hachas de *guanín* de cobre» (Conqs TF, 120). «Oro *guanín* sin ley» (Conqs TF, 107). «Oro baxo *guanín* sin ley» (Docs Nic, XVII, 384). «Me enviaron ... unos *guanines* de plata ... que balían bien poco» (Cron N Gal, 46). «Oro de *guanil*» (RGV, 55). Variante: *guanil.* Aunque la mayoría de los diccionarios lo definen sólo como «oro de baja ley» los contextos demuestran que en la época designaba también otros metales (plata y cobre).

GUANO. — Taíno. Hoja de la palma; se usa para construir y techar. Darién y Santa Marta 1520, Yucatán 1562, Cuba 1566-79. «Es notorio de quanto perjuicio es el hazerse las casas de *guano*, por el fuego, e por el cortar de las palmas ques el sustento del ganado menor» (AHC, III, 79). «Se había caído en un cenote yendo a buscar *guano*» (Quij, I, 164). La voz quechua homónima (estiércol de aves marinas usado para abonar) no está documentada.

GUATIANO. — Taíno. Indio pacífico, sometido a las leyes coloniales. Santa Marta 1520. «Andando a saltear con ella (la carabela) indios de paces, *guatianos*» (Docs Col, I, 231).

GUAYABA. — Taíno. Fruto del árbol llamado *guayabo*. México 1532-80, Perú 1571. «Tienen frutas, ciruelas y *guayabas* y guamúchiles» (Cron N Gal, 110). «Hay muy gran cantidad de aguacates, zapotes ... *guayabas*» (B Cortés, 216). Variante: *guayava*.

GUAYACÁN. — Taíno. Arbol americano, en España se le conoce como «palo santo». México 1532, Cuba 1585. «Porras que tienen hechas de un palo que llaman *guayacán*» (Cron N Gal, 271-2). «Un mortero de *guayacán* con su mano» (APH, 306).

GUAZABARA. — Taíno o caribe. Combate o batalla, ataque de indios. Santa Marta 1527-37, México 1535, Cartagena y Nueva Granada 1549, Chile 1564-71, Perú 1571. «De flechazos ... murieron la mayor parte de ellos, y decían que les habían dado la *dicha guazabarra* en que les habían herido en el pueblo del cacique» (Docs Col, I, 230). «Tovieron muy gran *guazabara* con los indios» (Cron N Gal, 320). Variantes: *guaçavara, guazabarra.*

GÜIPIL. — Náhuatl. Camisa india de mujer. México 1552-54, Yucatán 1553. «Veinte *güipiles* de indias» (Tas, 289). «Veinte *guaipiles* de indios» (Tas, 204). «A las indias naborías ... se les dé ... al cabo del año un vestido que ha de ser un *guayapil* ... y unas naguas de las comunes» (Quij, II, 103-4). Variantes: *guaipil, guayapil, güeypil.* Ortografía actual: *huipil.*

GUVA. — Origen indeterminado; es mexicana pero no náhuatl, pudiera ser tehuana. Arbol frutal. Perú 1571. «Esta tierra de la bahía es tierra de montaña y de aguaceros ... havía fruta de la tierra mucha como *guvas,* guayabas y caymitos y hovos» (D Truj, 46). Ortografía actual: *guba.*

H

HALACHUINIC. — Ver *alachebenique.*

HAMACA. — Taíno. Lecho colgadizo de malla; palanquín o litera para viajar. Santa Marta 1526-48, México 1532, Panamá 1543, Venezuela 1546-50, Nueva Granada 1549, Tabasco 1550, Yucatán 1562-64, Río de la Plata 1569, Perú 1570. «Su dormir es en el suelo encima de paja, y otros en *hamacas*» (Docs Col, IX, 262). «Un lecho de *hamaca*» (Tío, 97). «En una *hamaca* lo llevaron (al indio)» (Quij, I, 52). «Le envié en una *hamaca* a su tierra» (Cron N Gal, 187). «Que ningún español vaya en *hamaca*» (Arch Yuc, I, 103).

HAREITO. — Ver *areíto.*

HENEQUÉN. — Taíno. Nombre genérico de varias plantas cuyas fibras se usan para hacer tejidos y cuerdas; los tejidos y cuerdas en sí. México 1537-64. «Cien piezas de ropa de *henequén* ... para indios» (Tas, 74). «Gente tan pobrísima que no alcanzan una manta para ponerse si no es de *henequén*» (B Cortés, 242). «Veinte mantas de *nequén*» (Tas, 259). Variante: *nequén.* La variante, que es bastante frecuente, debe ser producto de la duplicación de sonidos en «d*e* h*e*nequén», en aquellos hablantes para los que *h* era una grafía muda. Aunque se discute si es un préstamo del quiché al taíno, debe considerarse tainismo porque los españoles la conocieron en las Antillas.

HOBO. — Taíno. Arbol tropical, y su fruta. Cartagena 1537, Perú 1571. «Una fruta ... que llaman *hobos*» (Docs Col, IV, 344). «Havía fruta de la tierra mucha, como guvas ... y *hovos*» (D Truj, 46). Variante: *hovo.* La ortografía actual vacila entre la forma del encabezamiento y *jobo;* ésta más de acuerdo con la pronunciación.

HUIPIL. — Ver *güipil.*

HUMERO HONO. — Origen incierto; probablemente arahuaco, o caribe continental. Arbol. Santa Marta 1533. «Unos árboles que hay en esta tierra que se llaman *huneros honos*» (Docs Col, III, 58). Voz perdida.

HURACÁN. — Taíno. Ciclón tropical de gran violencia; cualquier tormenta de viento de fuerza extraordinaria. Yucatán 1562, México 1562-94. «Un *huracán* y viento espantosísimo» (Carv, 464). «Vino un *huracán* ... gran tempestad» (Quij, I, 74). «Puede haber un año, poco más o menos, que fue cuando el *huracán*» (Quij, I, 75). Sin perjuicio de un supuesto préstamo del quiché al taíno, los españoles conocieron la voz en las Antillas, por lo que debe considerar tainismo.

I

IGUANA. — Taíno. Lagarto grande, terrestre, cuya carne y huevos son comestibles. Yucatán 1563-65, Perú 1570, Tucumán 1582. «Muchos huevos enterrados en la arena, de *iguanas* y chicoteas y lagartos (caimanes)» (PLz, 17). «Sacrificando (los indios) perros, puercos e *iguanas,* y carnes humanas» (Quij, II, 60).

INGA. — Quechua. Rey, príncipe o persona de estirpe noble. Perú 1539-72, Chile 1565. «Hijo bastardo de mango *inga*» (D Ch SS, I, 462). «Un *inga* que avía ido ... por espía» (D Truj, 56). «Como acá se llaman caballeros encomenderos, allá se llaman *ingas,* y son venerados» (PLz, 47v). Ortografía actual: *inca.*

J

JACAL. — Náhuatl. Choza o cobertizo hecho de adobe o paja. México 1558-69, Yucatán 1563. «Unas cassas de adobe y *xacal* en que bibo» (APP, núm. 12790. f 701v). «Cada provincia tenía hecho su *jacal*» (Cod Franc, 214). «Los frailes ... estaban sentados, a manera de estar en juicio, en un *jacal* grande de paja que estaba en el monasterio» (Quij, I, 43). Variante: *xacal.*

JAGÜEY. — Taíno. Depósito artifical para recoger y guardar agua, generalmente de lluvia, hecho mediante excavación en la tierra. Cartagena 1537, Venezuela 1546-99, Cuba 1569-77, Tucumán 1582. «Se acordó que se limpie el *jagüey* de que se provee de agua esta villa» (ACH, III, 123). «El *jagüey* de las yeguas» (ACC, I, 507). «La una y más principai (falta) es de agua ... pero con los *jagüeyes* que hay se sostiene» (Docs Col IV, 250). «Cuando llueve, si el *xagüey* estoviese grande, se puede rrecoger agua que pueda durar para todo el año» (AHC, III, 176). Variante: *xagüey.*

JICAMA. — Náhuatl. Tubérculo comestible de sabor dulce. México 1564, Yucatán 1566. «Mucha cantidad de cañas dulces, *jícamas* y otras frutas» (B. Cortés, 216).

JÍCARA. — Náhuatl. Fruto del jícaro que vaciado y seco se usa como vasija. México 1532-48, Yucatán 1562-65. «Sesenta *jícaras* labradas» (Tas, 298). «Ochenta *jícaras* pintadas» (Tas, 191). «El día de pescado, veinte huevos y una *jícara* de camarones» (Tas, 28). Variante: Xícara.

JICOTEA. — Ver *chicotea.*

JIQUIPIL. — Náhuatl. Parte del sistema de contar de los aztecas, igual a veinte zontles u ocho mil unidades. México 1538-56, Guatemala 1550. «Un *xiquipil* de cacao que son ocho mil cacaos» (Tas, 8). «Un *xiquipil* y medio de maíz, que es cada *xiqui-*

pil ocho mil mazorcas» (Tas, 19). Variantes: *juquipil, xequepil, xequpil, xiquipil.*

JITOMATE. — Ver *tomate.*

JOBO. — Ver *hobo.*

L

LÚCUMA. — Quechua. Arbol de fruto comestible. Perú 1571. «Hallamos los primeros *lúcumas* que avían visto y muchos caymitos» (D Truj, 50).

M

MACANA. — Taíno. Arma india a manera de porra o garrote. México 1532, Cartagena 1537, Venezuela 1546-50, Nueva Granada 1548, Perú 1570. «Las *macanas* que traen que son unas porras, dellas de piedra, dellas de madera» (Cron N Gal, 39-40). «Pelean la mayor parte con unas *macanas* y con piedras» (Docs Col, IX, 220). «El perro indio alzó la *macana* y dio al pobre caballero» (PLz, 61).

MACANAZO. — Derivado de *macana.* México 1532. «Lo avían herydo muy mal ... con tres o quatro *macanazos*» (Tió, 52).

MACEHUAL. — Náhuatl. Indio sirviente o peón agrícola. México 1531-66, Guatemala 1557-58, Yucatán 1558-63, Perú 1570. «No eran esclavos sino *maceguales*» (Pleit Guz, 60). «Treinta y dos naguatatos ... 584 indios *maceguales*» (Pleit Guz, 15). «Este ají y frisoles lo recojían entre los *maceguales*»

(Tas, 486). «Traje de indio *macegua*» (PLz, 32v). Variantes: macegua, macegual.

MAGUEY. — Taíno. Nombre común a varias plantas cuyas fibras se usan para hacer telas y cuerdas; son variedad del henequén; con algunas variedades se producen las bebidas alcohólicas llamadas *tequila, pulque* y *mezcal*. México 1532-40. «Veinte cántaros de miel de *maguey*, grandes» (Tas, 90). «*Maguey* de que se hace una conserva que es muy buena para comer» (Cron N Gal, 282). «Pulcre (sic) de aquellos magueyes, que es el vino que ellos beben» (Cron N Gal, 326).

MAGUEYAL. — Derivado de *maguey*. México 1532. «Los cuales (indios) fuimos alanceando hasta que se acogieron a ciertos *magueyales* y arboledas» (Cron N Gal, 204).

MAÍZ. — Taíno. Planta cuyos granos fueron, y son, la base de la alimentación en casi toda América. Darién 1516, México 1525-87, Santa Marta 1526-50, Santo Domingo y Nicaragua 1528, Perú 1534-71, Cartagena 1535 Puerto Rico 1537, Venezuela 1546-98, Nueva Granada 1548-57, Panamá y Tabasco 1550, Guatemala 1550-51, Costa Rica 1566, Chile 1566-85, Río de la Plata 1569-70, Cuba 1575-79, Tucumán 1582. «Dos carabelas ... trajeron (de Santo Domingo a Darién) ... maíz» (Docs Col, I, 55). «La careza grande del *mahiz* porque vale cuatro pesos una fanega» (Docs Nic, I, 414). «Mill e trezientas hanegas de *maíz*» (Protoc, II, 34). «*Maíz* que es el pan que por allá se come» (Cron N Gal, 312), «Paçiendo en *mayzes* agenos» (LCL, I, 3). «Es tierra muy abundante de papas, quinoa, *mays*» (CCR, 82). Variantes: *mahiz, mais, mays, mayz.*

MAIZAL. — Derivado de *maíz*. Nicaragua 1528, México 1532-53, Perú 1536-71, Santa Marta 1538. «Le han de sembrar (los indios al español) dos *maizales*» (Tas, 179). «De cojer oja de los *mahizales* para los caballos ... los *mahizales* se destruyen» (LCL, I, 163). Variantes: *mahizal, mayzal*. Es más corriente en el siglo XVI que el nahuatlismo *milpa*, inclusive en México.

MAIZALEJO. — Derivado de *maizal*, y en consecuencia de *maíz*. Nueva Granada 1549. «Hay algunos *maizalejos*» (Docs Col, X, 226).

MAJAGUA. — Ver *damahagua*.

MALOCA. — Mapuche. Incursión bélica. Chile 1569. «Son caballos que a cabo de dos leguas se quedarán cansados, porque en *malocas* que se han hecho fuera de esta ciudad ha visto venir cansados muchos de ellos» (D Ch SS, I, 155). Aunque la voz no se ha perdido hoy es más usual *malón*, del mismo origen.

MAMACONA. — Quechua. Matrona de sangre noble (inca) dedicada al cuidado de los templos del Sol, y de sus vírgenes. Perú 1571-72. «Públicos adoratorios y recogimientos de *mamaconas*» (D Ch SS, I, 464). «Tres casas de mujeres recogidas que llaman *mamaconas*» (D Truj, 54).

MAMEY. — Taíno. Arbol, y su fruto dulce comestible. Nicaragua 1527, México 1564. «No tenían otro mantenimiento salvo *mameyes* asados que comían por pan» (Docs Nic, I, 293). «Hay muy gran cantidad de árboles ... *mameyes* e guayabas» (B Cortés, 216).

MANATÍ. — Caribe. Mamífero marino. Venezuela 1546, Perú 1570. «Hay en esta laguna ... muy grande cantidad ... de pescado y muchos *manatós*» (RGV, 7). «Hay mucho pescado, muchos *manatís*» (PLz, 16v). Variante: *manató*.

MANGLAR. — Derivado de *mangle*. México 1532, Costa Rica 1566. «Tierra de muchos *manglares* y ciénagas» (J Dávila, 1v). «Visto que era todo *manglares* e tierra muy áspera, me volví» (Cron N Gal, 280).

MANGLE. — Probablemente taíno. Arbusto leñoso que forma tupidos bosques; crece en costas y ciénagas, aun dentro del agua. México 1532. «Tiene muy hermoso río, y muy grandes *mangles* que entran en la mar» (Cron N Gal, 105).

MANÍ. — Taíno. Cacahuete. Venezuela 1594. «Muchas frutas, como son plátanos, piñas, *maní* (RGV, 236).

MÁSTIL. — Náhuatl. Taparrabos. México 1532-52. «Ropa menuda de mantillas y *mástiles* y gorgueras» (Tas, 378). «Den (como tributo) ropa para esclavos, cada vez cien xicoles y cien *mástiles* e cien camisas e naguas» (Tas, 146). «Un indio ahorcado con su *mástel*» (Cron N Gal, 172). Variante: *mástel*. Ortografía actual: *mastate*.

MAURE. — Origen incierto; debe ser de alguna de las lenguas de la Nueva Galicia no relacionadas con el náhuatl. Taparrabos. México 1535. «Los indios traen sus mantas e *maures*» (Cron N Gal, 326). «No traen *maures* sino sus desvergüenzas de fuera» (Cron N Gal, 326). Por la fecha de documentación en México es imposible que sea tupí, como sostiene Francisco J. Santamaría (*Diccionario general de americanismos, México,* 1942).

MAYEQUE. — Probablemente *náhuatl.* Indio arrendatario o aparcero de tierras de cultivo. México 1564. «Los dichos indios, que dicen ser principales, nunca tuvieron *mayaques,* ni las tierras» (B Cortés, 203). «Tienen indios *mayeques,* renteros, que viven en sus propias tierras» (B Cortés, 184).

MAZATE. — Náhuatl. — Venado. México 1579. «Le llamaban *mazate* al dicho cacique ... por ser lígero y peleador» (Gd Ind, 128). «Se llama *mazate* que quiere decir en castellano venado» (Gd Ind, 128). Voz perdida.

MECATE. — Náhuatl. Cuerda de fibra vegetal; medida de superficie equivalente a 24 varas cuadradas. México 1551-94. «Con los *mecates* con que iba atado» (Protoc, II, 220). «Vendía (el indio) un *mecate* de tierra de rriego y de sequedal» (APP, 1-IX-1568). Se sigue aquí el uso tradicional de darle a las unidades de medida el nombre de la cuerda; recuérdese el hispánico *cordel,* y véase el taíno *cabuya.*

MEZQUITAL. — Derivado de *mezquite.* México 1562. «Los *mezquitales* están por sí, es la fruta a manera de algarroba» (Col Docs Arzob Gd, V, I, 107).

MESQUITE. — *Náhuatl.* Arbol de fruta comestible y resina gomosa. México 1532-80. «Unos árboles que se dicen *mezquiques*» (Cron N Gal, 108). Arboles de frutas de la tierra ... *mesquites*» (Gd Ind,

111). Variante: *mezquique.* Ortografía actual: *mezquite.*

MEZCAL. — *Náhuatl.* — Variedad de maguey; bebida que de ella se hace. México 1532. «Tienen mucho pulque de *mezcal* y de ciruelas» (Cron N Gal, 302). Obsérvese que *pulque,* que se hace específicamente de variedades del maguey, aquí se usa como nombre genérico para bebidas alcohólicas.

MILPA. — Náhuatl. Campo sembrado de maíz. México 1540-87, Guatemala 1551, Yucatán 1558-66, Mérida 1559. «Una milpa de maíz que tenga cien mazorcas» (Tas, 145). «*Milpas de trigo y maíz*» (Cod Franc, 188). «Sus dioses ... les proveían de ... agua para las *milpas*» (Quij, I, 119). Mucho menos frecuente en la época que el antillanismo *maizal*; obsérvese la necesidad de aclarar en la primera cita, «milpa de maíz», redundancia que equivaldría a «maizal de maíz». La segunda cita indica que ya en la época la voz tenía un sentido más amplio.

MILPERÍA. — Derivado de *milpa.* Yucatán 1562. «Se hizo otro sacrificio en unas *milperías* de Xocchel» (Quij, I, 148). Indica conjunto o grupo.

MILPERO. — Derivado de *milpa.* Yucatán 1562. «No pedía para las milpas porque no es *milpero*» (Quij, I, 58).

MOMÁN. — Probablemente quechua. Sacerdote. Perú 1570. Tomaron consejo de su *mohán,* que es como decir el Papa» (PLz, 40v). Voz perdida.

MÚCURA. — Caribe (cumanagoto). Anfora o vasija. «Tenían (los indios) ... *múcuras* que son mayores que cántaros» (Docs Col, IV, 341).

N

NABORÍA. — Taíno. Indio encomendado, obligado a servir al encomendero pero sin perder la condición de libre, al menos teóricamente. Darién 1520, Tierra Firme 1525, Honduras 1526, Nicaragua 1527-28, Perú 1531-35, México 1531-50, Santa Marta 1535, Bogotá 1547, Tabasco 1550, Guatemala, 1557-58, Yucatán 1562. «El gobernador por ... aprovechar a quien quiere da los indios *naborías*, quitándolos a los herederos de los difuntos que los han críado» (Docs Col, I, 89). «La avaliaçión y quintos de los indios y esclavos y *naborías* que se trajeron a quintar y de avaliaron» (Docs Nic, XVII, 347). «Se han babtizado ... algunas *naburías* de las del pueblo» (Docs Nic, I, 177). «Un indio *navorío*» (Cron N Gal, 107). «Cristobal, su *naborío*» (Protoc, II, 161). «No permitiréis que ... los *naborías* ... se vendan pues son libres» (Arch Yuc, I, 93). «Siendo las dichas mujeres y niños esclavos ... el dueño de ellas ... rézalez y adminístrales en la fe ... lo cual todo cesa cuando son *naborías*» (Docs Col, IV, 47). Variantes: *naborío, naburía, navorío.* La distinción que hacen Francisco J. Santamaría (*Diccionario general de americanismos*, México, 1942), y la Real Academia Española (la cito poco porque en esta materia generalmente está equivocada) entre *naborí,* individuo, y *naboría,* grupo, no aparece documentada; el plural regularmente se forma con *-s.*

NAGUA. — Ver *enagua.*

NAGUATLATO. — Náhuatl. Intérprete, en la mayoría de los casos un indio, pero también españoles. México 1531-87, Guatemala 1558, Yucatán 1556-62. «Cuatro indios en casa, *naguatlatos*» (Tas, 90). Han de dar cuarenta indios de servicios en las minas ... y un *naguatato* y dos principales» (Tas, 316). «Otros pueblos en que avía españoles que sirven de *naguatatos*» (Cron N Gal, 332). «Yntérprete e *nauatato del juzgado*» (APP, 30-IV-1551). «El fraile que llevaba por *nauatlato*» (Gd Ind, 180). Variantes: *nabatato, naguatato, nahuatato, nahuatlato, nauatato, nauatlato.*

NEQUÉN. — Ver *henequén.*

NOPAL. — Náhuatl. Planta de la familia del cactus. México 1594. «Ciego de sed cortó con la daga unas hojas de tunas espinosas llamadas *nopal* en lengua índica, las cuales son frescas de suyo» (Carv, 466). Obsérvese que se califica de voz indígena al náhuatl *nopal,* mientras que el taíno *tuna* aparece como de la lengua del hablante (español).

O

OCOTE. — Náhuatl. Arbol resinoso cuyas ramas sirven de tea o antorcha; tea o antorcha. México 1541-54. «Un haz de *ocot*» (Tas, 131). «Un manojo de *ocote*» (Tas, 11). «Un manojuelo de *ocot*» (Tas, 200). Variante: *ocot.*

ODABDÚ. — Quiché. Cuchillo ceremonial de pedernal. Yucatán 1562. «Un pedernal a manera de cuchillo que ellos llaman en su lengua *odabdú,* que quiere decir en castellano "brazo de los dioses"» (Quij, I, 142). Voz perdida.

P

PANGUE. — Mapuche. Planta de hojas grandes. Chile 1585. «Le hice sacar de entre unas matas, de debajo de un *pangue*» (D Ch SS, III, 264).

PAPA. — Quechua. Planta tuberosa, y su raíz comestible. México 1554, Tucumán 1582. «Cinco zontes de *papa*» (Tas, 290). «Es tierra muy abundante de *papas*, quinoa, mays ... chañar» (CCR, 82). La forma *patata*, que aparece en la Península a finales del siglo XVI, es una confusión de esta voz quechua y el taíno *batata*.

PAPAYA. — Taíno. Fruta dulce del papayo. Perú 1571. «Fruta de la tierra, *papayas*» (D Truj, 49). En la zona occidental de Cuba es hoy voz grosera con que se nombran las partes pudendas de la mujer, por lo que se usa en su lugar *fruta bomba*.

PATASTE. — Náhuatl. Variedad del cacao que no sirve para hacer chocolate. México 1555-64, Guatemala 1558, Yucatán 1559-66. «Vino con cacao *patlate* de las provincias de Honduras» (Arch Yuc, II, 155). «Aquel *patlaste* que traía» (Arch Yuc, II, 135). Variantes: *pastlaste, patastle, patlaste, patlate.*

PATÍ. — Quiché. Tela; manta o colcha. Yucatán 1562-63, México 1564. «Ciento ochenta pesos de tipuzque en cacao y *patíes*» (Quij, I, 228). «Algunos que no tenían tomines ni cacao lo daban en *patíes*, o en piernas de manta» (Quij, I, 50). «Se compraron veinte sambenitos, digo *paties* para hacerlos» (Quij, I, 312). Voz perdida; no debe confundirse con el homónimo guaraní que nombra a un tipo de pescado.

PATOL. — Náhuatl. Manta o mantilla. México 1538-59. «Cuarenta cargas de ropa, y por cada carga doscientos ochenta patoles guachiles» (Tas, 398). «Diez cargas de mantillas que los indios llaman *patol* coastle» (Tas, 564). Voz perdida; la palabra apareec en diccionarios de americanismos, pero con un significado totalmente diferente.

PETACA. — Náhuatl. Caja de fibra vegetal, generalmente forrada de petate. México 1532-72, Cartagena, Nueva Granada y Santo Domingo 1549, Panamá 1550, Guatemala 1551, Perú 1570, Cuba 1579. «Un río le llevó la *petaca* en questaba la cédula» (Icaza, II, 301). «Quitaron a las *petacas* los enforros y cueros» (Docs Col, IX, 353). «En cadenas, llevando las *petacas* a cuestas» (Cron N Gal, 218-219).

PETAQUILLA. — Derivado de *petaca*. México 1550-51. «Cuatro petacas de cera y cinco *petaquillas* de copal» (Tas, 449).

PETATE. — Náhuatl. Esterilla tejida de tiras de hoja de palma. México 1531-66, Guatemala 1550-51, Yucatán 1562. «Las casas cubiertas de esteras a las cuales llaman en lengua de México *petates*» (Cron N Gal, 271). Lo metieron en un *petate* ... y lo ataron a la cola de un caballo» (Cron N Gal, 158). «*Petates* para una cuadra y una sala» (Tas, 657). «Un *petate* en que duermen» (Docs Nic, XV, 499). «Un *petate* de axí que tenga dos arrobas» (Tas, 179).

PETATILLO. — Derivado de *petate*. Yucatán 1562. «Estaba sobre un *petatillo* que los indios usan de camino» (Quij, I, 181).

PIÑOL. — Náhuatl. de maíz tostada; sola o mezclada con cacao se diluye en agua para hacer una bebida. México 1531-44. «Diez talegas de *pinol*» (Tas, 146). «Diez taleguillas de *piñol*» (Tas, 190). «Una taleguilla de cacao *piñol*» (Tas, 491). Variante: *pinol*. Ortografía actual: *pinole*.

PIRAGUA. — Caribe. Embarcación mayor que la canoa taína y, a veces, con un palo y vela. México 1532, Venezuela 1550-75. «Una canoa *piragua* ... que los caribes tenían» (Tio, 75). «Hay ocho días de viaje en *piragua*» (RGV, 45). «*Piraguas*, que son navíos de un sólo palo en que caben 30 ó 40 hombres, y van por los ríos y por el mar» (RGV, 84). Obsérvese que en el primer contexto se emplea como adjetivo, para indicar tipo y tamaño.

POCHOTE. — Náhuatl. Variedad de ceiba, muy espinosa. Yucatán 1562. «Un palo de *pochote*, lleno de espinas de su natural» (Quij, I, 146).

POZOL. — Náhuatl. Bebida; se hace mezclando en agua harina de maíz que previamente se ha cocido con cal o ceniza; a veces se le añade cacao en polvo. Yucatán 1558-62. «Mucho pan y cacao en *pozol*, y tres cabezas de venado» (Quij, I, 139). «Dijo que le diesen tamemes, y el batab le respondió que estaban haciendo *prosol* e comida para el camino» (Arch Yuc, II, 81). «A beber *proçol*» (Arch Yuc, II, 78). Variantes: *proçol, prosol*.

PUELCHE. — Mapuche. En Chile, viento del Este, que sopla de la cordillera andina hacia el mar. Chile 1587. «En este reino y costa corren cuatro (vientos) ..., el viento de tierra que llaman *puelche*» (D Ch SS, III, 411).

PULQUE. — Náhuatl. Bebida alcohólica que se obtiene de la fermentación del cogollo del magucy. México 1532-35. «Tienen mucho *pulque* de mezcal y de ciruelas» (Cron N Gal, 302). «*Pulcre* de aquellos magueyes, que es el vino que ellos beben» (Cron N Gal, 326). Variante: *pulcre*. En la primera cita aparece con un sentido más amplio.

PUNA. — Quechua. Tieras altas de los Andes, frías y secas. Perú 1571, Tucumán 1582. «La sierra era toda *puna* y nieves» (D Truj, 53). «Tienen la *puna* cerca, donde tienen ... guanacos, vicuñas, tarugas» (CCR, 83).

Q

QÜE. — Ver *cu*.

QUINOA. — Quechua. Planta de hojas y semillas comestibles. Tucumán 1582. «Es tierra muy abundante de papas, *quinoa*, mays» (CCR, 82).

QUIPAL. — Náhuatl. Silla o asiento de fibra, varilla u hoja de palma. México 1537. Sesenta toldillos y cinco *quipales*» (Tas, 143). Ortografía actual: *equipal*.

QUIRQUINCHO. — Quechua. Nombre indígena del armadillo. Tucumán 1582. «Tienen muchas caças y aves como son liebres... *quirquinchos*» (CCR, 80).

QUISCOMAL. — Náhuatl. Contexto insuficiente, parece ser almacén de productos agrícolas. México 1569. «Ochocientas veintiuna y media hanegas de trigo que tengo encerradas en dos *quiescomales*, y en mi casa» (APP, 12, 790, f. 701). «Unas cassas de adobe y xacal en que bibo ... y dos *quescomales* en que está el dicho trigo» (APP, 12,780, f. 701v). Variante: *quescomal*. Voz perdida.

QUITATO. — Ver *tequitato*.

S

SABANA. — Taíno. Llanura cubierta de yerba, sin árboles, o con muy pocos de ellos. Honduras 1526, México 1532-87, Ticrra Firmc 1535, Cartagena 1537, Venezuela 1546-98, Nueva Granada 1549, Yucatán 1563, Cuba 1566-79, Perú 1570, Bogotá 1599. «Si no pueden andar (los enfermos) sacadlos a estas *savanas* y lanzadlos, y ande el que pudiere» (Docs Col, III, 238). «Es tierra de buenos aires, buena disposición, más *savanas* que montes» (PLz, 57). «Una *sabana* anegadiza, para poblar de ganado mayor» (AHC, II, 336). Variantes: *çabana, çavana, savana*.

SABANILLA. — Derivado de *sabana*. México 1549-63, Cuba 1566-75. «Quería edificar una casa y solar questá detras de la *çavanilla*» (AHC, III, 47), Variante: *çavanilla*.

SACATE. — Ver *zacate*.

SEBORUCO. — Ver ceboruco.

SONTE. — Ver *zonte.*

T

TAMAL. — Náhautl. Harina de maíz sazonada, envuelta en hojas generalmente de la misma planta, y cocida. México 1532-64. «Los días de pescado le den (los indios) el pescado necesario, y una docena de huevos y *tamales* para sus criados» (Tas, 49). «Una carga de maíz e ochenta *tamales*» (Tas, 158). «No se venden en él mercaderías gruesas, sino es ají e tomates e *tamales* e tortillas» (B Cortés, 239).

TAMBO. — Quechua. Posada al borde de los caminos reales incaicos; almacén. Perú 1537-70, Chile 1569. «Que le fuese a servir al *tambo* real, que es como decir al mesón» (PLz, 41v). «El qual *tanbo* y alverge está algo apartado de los pueblos» (PLz, 41v). «Fisyese una casa e *tanbo* en que se rrecojesen las mercaderías» (LCL, I, 140). Variante: *tanbo.*

TAMEME. — Náhuatl. Indio cuyo oficio era llevar cargas a la espalda. Costa Rica 1525-66, México 1531-47, Perú, Bogotá y Nueva Granada 1547, Guatemala 1550-58, Yucatán 1556-61. «Quando fue a la guerra llevó dozientos *tamemes* cargados de bastimentos» (Icaza, II, 338). «Pidiole al jeneral le ayudase con *tamemes,* yndios de carga, para que llebasen la rropa, armas y matalotaje de los soldados» (J Dávila, 4). «Contra lo proveído por Su Magestad ... sobre que los naturales no se carguen ..., consintió cargar *tamemes* en estas provincias, con cargas de ropa y otras cosas, de unas partes a otras» (Quij, I, 10). «Seis *tamemes* de cal» (Tas,

90). «Treinta *tamemes* de sal» (Tas, 49). «Cien *tamemes* de a media hanega ... de maíz» (Tas, 49). «Veinte *tamemes* que vengan cargados de cobre ..., cada uno hasta dos arrobas y no más» (Tas, 146). Obsévese la total despersonalización del indio en las últimas citas.

TANATLE. — Náhuatl. Recipiente cilíndrico de hoja de palma tejida; bolsa de los testículos de animales grandes, estirada y secada par usar como recipiente. México 1531-60. «Un *tanatle* de axí y otro *tanatle* de sal» (Tas, 90). «Quince *tanatles* de grana pequeña» (Tas, 422). «Un *tanate* de sal») (Tas, 222). Variante: *tanate*. Algunos contextos en que lo contenido es fino, sal por ejemplo, sugieren la segunda acepción más bien que la primera.

TAPATÍO. — Náhuatl. Mantilla india. México 1532--52. «Mantilla que se llaman *tapatíos*» (Pleit Guz, 90). «Cuatro camisas, cuatro naguas y cuatro *tapatíos*» (Tas, 662). Con este signiifcado es voz perdida pues hoy indica procedencia del estado de Jalisco, no una pieza de ropa como tal.

TAQUI. — Quechua. Fiesta de indios; el canto y baile propio de dicha fiesta. Perú 1534. «Los ... yanaconas que sirven a los españoles facen *taqui* de noche ..., en el dicho *taquyn* fazen e comunican muchas rruyndades e vellaquerías» (LCL, I, 4). Variante: *taquyn*.

TARUGA. — Quechua. Animal andino semejante al venado. Tucumán 1582. «Tienen la puna cerca, donde tienen ... guanacos, vicuñas, *tarugas*» (CCR, 83).

TATUÁN. — Náhuatl. Amo, señor poderoso. México 1532. «(Un testigo indio respondiendo por las generales dice) que venza quien el *tatuán* quisiere» (Pleit Guz, 56). «El había dado oro y plata para aquel gran *tatuán* de Castilla» (Cron N Gal, 158). Ortografía actual: *tastuán*. Hoy *tatuán* es nombre de una planta silvestre.

TAXAMANIL. — Náhuatl. Tabla pequeñay delgada, de madera, usada a manera de teja de techar. México 1553-55. «Sesenta vigas y veinte tablas y dozientos *taxamaniles*» (Tas, 135). «Cien *taxamaniles* e quatro morillos de que se hizo un tablado para la lana» (APP, II, 726). Ortografía actual: *tajamanil* o *tejamanil*.

TAXAMIRA. — Origen incierto, debe ser arahuaco o caribe de la costa norte del Continente. Contexto insuficiente. Santa Marta 1536. «Una *taxamira* de oro» (Docs Col, IV, 76). «La cantidad y calidad del oro que se montare cada una de las dichas *taxamiras*» (Docs Col, IV, 77). Voz perdida.

TAXINGUE. — Probablemente náhuatl. Contexto insuficiente. México 1543 .«Han de dar cada día (como tributo) un *taxingue* y un tezozongo» (Tas, 237). Voz perdida.

TECOMATE. — Náhuatl. Vasija pequeña de barro usada como taza para beber; fruto (güiro, jícara, calabaza) vaciado y seco usado para beber. México 1595. «Matarle dándole alguna cosa (venenosa) en un *tecomate* de chocolate» (Carv, 138).

TEPUSQUE. — Náhuatl. Cobre; moneda de cobre. México 1537-57, Yucatán 1561-64, Quito 1563, Cuba

1579-85, Chile 1585. «Se conmutó este oro (del tributo) a que por peso dé peso y medio de *tepuzque*» (Tas, 219). «Treinta y siete mil doscientos cincuenta pesos de *tepusque* en plata quintada y marcada de la Nueva España» (APH, 329). «Cada un peso a ocho reales de plata e no en *tepuzque*, ni en otra moneda» (Protoc, II, 164). Variantes: *tepuzque, tipusque, tipuzque*. Hoy en desuso.

TEQUITATO. — Probablemente náhuatl. Contexto insuficiente; debe ser indio destinado a algún tipo de trabajo. México 1551-64. «*Tequitates* e maceguales» (Col Docs Arzob Gd, I, 2, 188). «En el barrio de Ayapongo, en dos *tequitatos*» (B Cortés, 253). «Indios *tequitlatos*» (C V Pbla 89). «Los calpisques e *quitatos*» (B Cortés, 183). Variantes: *quitato, tequitate, tequitlato*. Voz perdida.

TEZONTLE. — Náhuatl. Piedra volcánica usada en la construcción. México 1540. «Han de poner piedra y madera, tlaltenestle y *tezontle*» (Tas, 91).

TEZOZONGO. — Probablemente náhuatl. Contexto insuficiente. México 1543. «Han de dar cada día (como tributo) un taxingue y un *tezozongo*» (Tas, 237). Voz perdida.

TIANGUIS. — Náhuatl. Mercado; plaza de mercado; feria. México 1528-95, Perú 1535-39, Yucatán 1563-66. «Que den (los indios) cada *tianguis* que se hace en el pueblo, que son cada quince días, quince mantillas de henequén» (Tas, 90). «Mandaron que ningund español ni negro sea osado de yr ni vaya al *tianguez*» (LCL, I, 116). «Tienen en sus tierras todo género de caza y algunos ríos en que sacan mucho pescado, e todas estas cosas las venden en sus *tianquis*» (B Cortés, 180). «Hay muchos *tianquez* donde contratan ropa de algodón ... pescado y fruta» (Cron N Gal, 210). Variantes: *tiangues, tianguez, tianquez, tianquiz.*

TLALTENESTLE. — Náhuatl. Piedra utilizable en la construcción. México 1532-40. «Sacando los dichos indios *talteneste* de una mina, para la casa de los dichos licenciados» (B Cortés, 66). «Han de poner piedra y madera y *tlaltenestle* y tezontle» (Tas, 91). Variante: *talteneste.* Voz perdida.

TOA. — Origen incierto. Contexto insufiicente para precisar, pero indica relación con la agricultura. Cuba 1579. «Quatro asadones y quatro machetes ... y dos burenes ... y dos bucanes y una piedra de amolar y una *toa*» (APH, 209). Según Esteban Pichardo (*Dicionario provincial cuasi-razonado de vozes cubanas,* La Habana, 1862) es la voz indocubana para *rana,* pero esto no tiene sentido en el contexto documentado. Aunque la fuente es digna de crédito por su transcripción paleográfica, pudiera ser un error por *coa,* cuyo significado (arado o palo usado para arar) sí cabría en el contexto. No puede descartarse el significado de los diccionarios de la lengua general, «soga o maroma de barco», visto el gran número de marinerismos que en esta época se incorporan al léxico hispanoamericano.

TOCHOMITE. — Náhuatl. Estambre de colores vivos. México 1544-56, Yucatán 1563. «Sesenta paños de cama labrados de *tochomile*» (Tas, 249). «Veinte paramentos de cama de a dos brazas, labrados de *tochemil*» (Tas, 218). «Cuatro tomines que se compraron de *tochomit* para las banderas»

(Quij, I, 305). Variantes: *tocnemil, tochomile, tochomit.*

TOMATE. — Náhuatl. Fruto comestible de la tomatera. México 1540-80. «Fruta y ají y *tomates*» (Tas, 90). «Cinco *jitomates* ... veinte tunas y diez batatas» (Tas, 421). «Cañas dulces a otras frutas que son jícamas e *tomates* e chías» (B Cortés, 219). Variante: *jitomate.*

TOPO. — Quechua. Piedra redonda que se usaba para marcar los caminos reales incaicos, se colocaban a distancias de legua y media. Perú 1570. «Adonde hay más certidumbre de las leguas es en lo que el Inga conquistó ..., ponen mojones que llaman ellos *topos,* hay de uno a otro legua y media» (PLz, 52).

TOTUMA. — Caribe (cumanagoto). Fruto del totumo, vacíado y seco se usa como vasija de cualquier material. Venezuela 1546, Nueva Granada 1548. «*Totuma* toda de oro» (RGV, 9). «*Totuma* de oro, y peine y collares y otras muchas piezas muy de ver» (Docs Col, IX, 219). Aunque no se conociera el origen cumanagoto, habría que rechazar, por la fecha en que se documenta, la procedencia del congolés que le atribuye Francisco J. Santamaría (*Diccionario general de americanismos,* México, 1942).

TUÇA. — Origen incierto. Contexto insuficiente para deetrminar a que parte del maíz se refiere la cita. Santa Marta 1537. «*Tuças de maíz*» (Docs Col, IV, 233). Ortografía actual: *tusa.* Pedro Henríquez Ureña (*Para la historia de los indigenismos,* Buenos Aires, 1938, p. 120) la incluye entre las que parecen taínas por su estructura. Hoy la palabra tiene dos acepciones, según la región, la peluza que recubre los granos, o la mazorca desgranada. La primera acepción parecería indicar un origen latino (*tonsus*); la segunda, al referirse a un objeto que no tiene ya peluza, difícilmente podría tener ese origen.

TUN. — Quiché. Nombre genérico de piedras preciosas y semipreciosas. Yucatán 1562. «Habían ido a sus casas y las habían buscado y catado, todas cuentas de rescates y *tunes* habían hallado» (Quij, I, 50). Voz perdida.

TUNA. — Taíno. Nombre común a gran variedad de cactus; fruto del nopal. México 1532-95, Cuba 1570, Tucumán 1582. «La trinchera ... está mal reparada y tiene necesidad que la estacada se haga de nuevo ... y el foso se ahonde y se siembre de *tunas*» (ACH, II, 174). «Cinco jitomates, veinte *tunas* y diez batatas» (Tas, 421). «Hojas de *tunas* espinosas llamadas nopal ... las cuales son frescas de suyo» (Carv, 466).

TUNAL. — Derivado de *tuna*. México 1532. «Tiene muy pocos árboles de fruta, salvo muchos *tunales*» (Cron N Gal, 129).

U

URINA. — Mapuche. Foca o lobo de mar. Perú 1570. «Hay cría de ... jabalís, *urinas*, dantas» (PLz, 17). Ortografía actual: *uriñe*.

V

VAQUEANO. — Ver *baquiano.*

VEJUCO. — Ver *bejuco.*

VENEQUÉN. — Derivado de *henequén.* Recipiente de fibra vegetal (henequén); por ser el recipiente de tamaño regular (un cuartillo) es también medida de capacidad. México 1544-54. «Doscientos *benequés* de ají» (Tas, 158). «Un *venequén* de carbón» (Tas, 11). Variantes: *benequé, veniquén.* Ortografía actual: *benequén.*

VICUÑA. — Quechua. Animal andino de la familia de la llama, pero de lana más fina. Tucumán 1582. «Ticncn la puna ccrca, dondc ticncn ... guanacos, *vicuñas,* tarugas» (CCR, 83).

VISCACHA. — Quechua. Pequeño roedor andino, de carne y piel aprovechable. Tucumán 1582. «Tienen muchas caças y aves, como son liebres ... *viscachas*» (CCR, 80). Ortografía actual: *vizcacha.*

X

XACAL. — Ver *jacal.*

XAGÜEY. — Ver *jagüey.*

XÍCARA. — Ver *jícara.*

XICQL. — Probablemente náhuatl. Contexto insuficiente para precisar, aunque sí se puede decir que es algún tipo de ropa o tela, probablemente una manta. México 1533-62. «Un *xicol* y medio» (Tas, 260). «Piezas de ropa de mantas y mástiles y naguas y camisas y *xicoles* para indios» (Tas, 237). «Den *xicoles* para esclavos, cada vez cien *xicoles* y cien mástiles e cien camisas y naguas» (Tas, 146). Voz perdida.

XICUBITE. — Ver *chiquihuite.*

XIQUIPIL. — Ver *jiquipil.*

XIQUIPILICO. — Probablemente náhuatl. A primera vista parece un diminutivo de *jiquipil* (8,000 unidades) pero hay varias razones para pensar que no lo sea. Los sufijos «diminutivos» se usan con cantidades fijas con sentido irónico (Al pobre Pérez no le queda casi nada, sólo un *milloncito*), o por restar importancia (No te impacientes, sólo falta una *horita*), pero el carácter y tono general de la fuente no parece justificar ninguna de las dos posibilidades. Por otra parte la frase «40,000 unidades (5 x 8,000) de harina de maíz tostado» no tiene sentido (¿Cuáles serían las dichas unidades, los granos de harina? ¿Quién los contaría?). Debe rechazarse la relación con *jiquipil.* Lo más probable es que se trate de un tipo de recipiente. México 1544. «Cinco *xiquipilicos* de pinol» (Tas, 213). Voz perdida.

XOAYUL. — Probablemente náhuatl. Camisa india. México 1532. «Ochenta *xoayules,* que son como camisas tarascas» (Pleit Guz, 90). Voz perdida.

Y

YABONA. — Taíno. Gramínea de hojas ásperas que se usan para techar. Cuba 1576. «Dióseles licencia a que todos que tienen sus casas armadas, que las puedan cubrir de *yahona* y paja o caña» (ACH, III, 96). Variante: *yavona.* La ortografía actual vacila entre la que encabeza el epígrafe y *yabuna;* también vacila la acentuación que a veces es grave y otras esdrújula.

YANACONA. — Quechua. Indio encomendado, obligado a prestar servicio pero sin perder la condición de libre; es equivalente al antillanismo *naboría.* Perú 1534-43, Bogotá 1547, Chile 1565-69. «Los *yanaconas* que sirven a los españoles» (LCL, I, 4). «Averme quitado todos los indios ... hasta dejarme syn un *yanacona* de servicio» (Hark, 146). «Cortan los árboles ... o los mandan cortar a sus negros e yndios e *yanaconas*» (LCL, I, 17). «Suelen arranchear con sus yndios e esclavos e *anacones*» (LCL, I, 104). Variantes: *anacona, anacone.*

YAREY. — Taíno. Hoja de una palmera del Caribe que se usa para techar. Cuba 1576. «La pueda cubrir e cubra (la casa) de yavona ... o *yarey,* e no de guano» (AHC, III, 101).

YUCA. — Taíno. La raíz comestible de la que se hace el cazabe. Honduras 1525, México 1532, Venezuela 1546-50, Nueva Granada 1548-49, Cuba 1569-79, Río de la Plata 1570, Perú 1571, Tucumán 1582. «Tierra en que pueda labrar doze mill montones de *yuca*» (ACH, III, 158). «Hay sementeras de *yuca* aunque no tantas como por allá» (Docs Col, X, 226). «No hay frutas ni batatas ni otras cosas que les parezca, como es *yuca*» (Cron N Gal, 281). «Rrayzes casy como la *yuca,* aunque sylvestres» (CCR, 79-80).

YUCAL. — Derivado de *yuca.* Perú 1537. «En mahizal o *yucal*» (LCL, I, 134).

Z

ZACATE. — Náhuatl. Pasto, forraje, yerba. México 1551-78, Yucatán 1556, Guatemala 1558. «Seis medidas de *zacate*» (Tas, 456). «Un poco de *zacate* para una mula» (Arch Yuc, II, 16). «Mandó que le dé (al caballo) cada día un tomín de *çacate* e maíz» (Protoc, II, 204). Variantes: *çacate, sacate.*

ZAMAGUATO. — Probablemente náhuatl. Manta. México 1541. «Mantas que se dicen *zamaguatos*» (Tas, 421). Voz perdida.

ZAPOTE. — Náhuatl. Arbol, y su fruto dulce comestible. México 1532-95. «Hay muy gran cantidad de árboles ... como son plátanos, aguacates, *zapotes*» (B Cortés, 216). «Tiene frutas ... en mucha abundancia y algunos *zapotes* prietos» (Cron N Gal, 110). «Hay aguacates e algunos naranjos ... pero ningún género de *zapotes*» (B Cortés, 238).

ZONTE. — Náhuatl. Cuatrocientas unidades, en el sistema de contar de los aztecas. México 1553-54, Yucatán 1563-66. «Cinco *zontes* de cacao que son dos mil cacaos ... diez *zontes* de maíz que son cuatro mil mazorcas» (Tas, 204). «Treinta y cinco pesos de tipuzque por setenta *contles* de cacao» (Quij, I, 316). «Cuarenta y nueve *zontles* de cacao» (Quij, II, 318). Variantes: *çontle, sonte, zontle.*

ZOYAPETATLE. — Náhuatl. Petate esterilla. México 1548. «Un petate grande y dos pequeños, que los petates se dicen *zoyapetatle*» (Tas, 93).

ZUHUY LAC. — Quiché. Caja ritual. Yucatán 1562. «Los cajetes en que pusieron el dicho corazón los llaman *zuhuy lac*, que en lengua castellana se dice vírgenes» (Quij, I, 143). Voz perdida.

CLASIFICACIÓN DEL LEXICON SEGÚN ORIGEN

CARIBE (Insular)
bucán
caimán
caribe
manatí
piragua

CUMANAGOTO (Caribe)
ahuyama
arepa
caricurí
chaguala
múcura
totuma

CUNA
chaquira
chicha

CHIRIGUANO
(Tupí-guaraní)
chiriguana

MAPUCHE
maloca
pangue
puelche
urina

NÁHUATL
achote
aguacate
ahuehuete
amole
apazte
atole
ayate
cacaguatal, cacagüetal
cacao
cacle
cachaliste
cajete
calpixque
calpixtengo
calpul
calpulal

camote
citagua
coastle
cocolistle
comal
copal
coyol
coyote
coziste
cu
chacmole
chalchuite
chía
chichigua
chilacatle
chile
chiquihuite
chiul
chocolate
elote
guachichil
guachol
guamochal
guamuchil
güipil
jacal
jícama
jícara
jiquipil
macehual
mástil
mayeque
mazate
mecate
mezquital
mesquite
mezcal
milpa
milpería
milpero
naguatlato
nopal
ocote
pataste
patol
petaca
petaquilla
petate
petatillo
piñol
pochote
pozol
pulque
quipal
quiscomal
tamal
tameme
tanatle
tapatío
tatuán
taxamanil
taxingue
tecomate
tepusque
tequitato
tezontle
tezozongo
tianguis
tlaltenestle
tochomite
tomate
xicol
xiquipilico
xoayul
zacate
zamaguato
zapote
zonte
zoyapetatle

QUECHUA
coca
chaco
chacra
chañar
chañaral
chasqui
chasquista
guaca
guanaco
inga
lúcuma
mamacona
mohán
papa
puna
quinoa
quirquincho
tambo
taqui
taruga
topo
vicuña
viscacha
yanacona

QUICHE
acanan
ah-kin
alachebenique
batab
cacín
cenote
copo
cuzca
chulul
odabdú
patí
tun
zuhuy lac

TAINO
agüeybana
ají
anona
areíto
arcabuco
arcabucoso
arcabuquillo
bahareque
barbacoa
batata
bejuco
bilchao
bohío
boniato
burén
cabuya
cacicazgo
cacique
caimito
caney
canoa
canoero
caoba
canoero
caoba
carey
cazabe
ceboruco
ceiba
coa
conuco
conuquero
conuquillo
cutara
chicotea
damahagua
enagua
guanaxo
guanín

guano
guatiano
guayaba
guayacán
hamaca
henequén
hobo
huracán
iguana
jagüey
macana
macanazo
maguey
magueyal
maíz
maizal
maizalejo
mamey
manglar
mangle
maní
naboría
papaya
sabana
sabanilla
tuna
tunal
venequén
yabona
yarey
yuca
yucal

ORIGEN INDETERMINADO

baqueano
cemetú (arahuaco o caribe)
gayagua (¿arahuaco?)
guazábara (taíno o caribe)
guva (mexicana)
hunero hono (arahuaco o caribe)
maure (mexicana)
taxamira (arahuaco o caribe)
toa
tuça

COMENTARIOS

A. — El cómo y el por qué

Cuando dos pueblos entran en contacto, y mucho más si éste se convierte en convivencia, resulta pronto evidente a cada uno que el otro posee objetos, habilidades, costumbres y gustos que le son desconocidos. La relación aumenta el campo de conocimiento, amplía los horizontes culturales, y esto obliga a una expansión del léxico. La vía más usual, aunque no la única, que toma este crecimiento del vocabulario es la del préstamo lingüístico. Cada pueblo toma de la lengua del otro, e incorpora a la suya, aquellas palabras que representan lo que hay de nuevo o diferente en la cultura vecina.

Los anglosajones que primero se establecieron en los territorios mexicanos que luego, anexados, pasarían a formar parte del oeste de los Estados Unidos, se encontraron allí con una población hispana que tenía una cultura y una economía primordialmente ganadera. Los recién llegados, claro está, conocían el caballo y el ganado vacuno, pero sus hábitos vitales eran los del agricultor.

Como resultado de esa relación hoy vemos que el vocabulario ganadero estadounidense (*ranch, rodeo, lasso,* etc.) es en gran proporción producto de préstamos del español. Del mismo modo, un par de milenios antes, los romanos abandonaron la palabra latina *equus* para adoptar *caballus* del celta, porque los que hablaban esa lengua eran mejores jinetes que los hablantes del latín.

En los casos anteriores vemos como el préstamo se puede producir aunque en la lengua que lo reciba haya palabras equivalentes. Con más razón se producirá cuando un pueblo conoce algo de otro que le resulta totalmente nuevo.

Cuando los españoles descubrieron el Nuevo Mundo, éste fue para ellos literalmente un *mundo nuevo.* No sólo fueron nuevas las razas, las lenguas y las estructuras socioeconómicas, sino que fueron también nuevos hasta los detalles más insignificantes del cotidiano vivir: la alimentación, la vivienda, la vestimenta, los utensilios, las armas, las costumbres y las creencias. A más de lo social y humano, el medio físico en sí estaba poblado de una flora y una fauna en gran parte desconocidas para los hombres que venían de Europa. Cristóbal Colón abrió para los europeos la puerta de todo un universo de cosas sin nombre en sus lenguas. Un verdadero aluvión de préstamos lingüísticos era evidentemente previsible.

Los españoles, efectivamente, se apropiaron con gran prisa de voces indígenas; recuérdese que ya en 1493 Nebrija incluyó «canoa» en su *Vocabulario.* La urgencia por nombrar las cosas de un mundo nuevo explica el fenómeno sólo parcialmente. Weinreich menciona como uno de los factores que determina el préstamo lingüístico lo que él llama «precedents for borrowing».[1] Ese precedente, más bien predisposición, existía en el castellano, que durante los siglos anteriores había incorporado innúmeras palabras del árabe. El español era en el siglo XVI una lengua todavía nueva, abierta y dispuesta a la expansión de su vocabulario.

Las circunstancias humanas también contribuyeron. Aunque a América llegaron sacerdotes, escribanos y otros hombres cultos, la enorme mayoría de los conquistadores tuvo una cultura muy rudimentaria. Frente a Cortés, cuyas *Cartas de relación* lo muestran hombre de letras a la par que de armas, hubo un sinnúmero de analfabetos que, como Pizarro, alcanzaron cumbres que en España no se hubieran atrevido a soñar. En la América de la Conquista, como en la España de la Reconquista, «los que foron de pie cavalleros se fazen», como dijo el cantor de El Cid. El cambio en la posición jerárquica, en los oficios, en los valores, forzó a cada uno de los conquistadores a ampliar individualmente su vocabulario.

Es indudable que la apertura a lo desconocido impuso la necesidad de tomar los nombres que se brindaban propicios en las lenguas indígenas. Pero además, ni la lengua española ni los hombres que llegaron hablándola se resistieron a echar mano del préstamo.

El préstamo, sin embargo, no es la única solución que una lengua tiene al enfrentarse a lo que antes no conocían sus hablantes; hay otras vías, y los españoles intentaron varias de ellas. En los primerísimos años, cuando todavía se creía haber llegado a las islas y costas del Asia, se echó mano del léxico oriental (préstamos también, pero de

1. Uriel Weinreich, *Languages in Contact* (La Haya, 1968), p. 2.

otro orden) que se conocía en Europa, palabras en gran parte de origen árabe. De ese momento nos queda todavía el nombre que se le dio al indígena americano: *indio.*

Aun antes de descubrirse el error habían entrado en juego otros procedimientos denominadores, que serían los que subsistirían. Enfrentado con algo desconocido o por lo menos diferente el español tuvo tres soluciones: a) inventar un nombre basándose en alguna característica del objeto, por ejemplo, *rabihorcado* se le llamó a un ave que tenía la cola bifurcada; b) usar el nombre de algo que se conocía de Europa, cuando entre lo nuevo y lo ya conocido había alguna semejanza, *cuervo,* por ejemplo, fue nombre que se le dio a un gran número de pájaros diferentes, en todas partes del continente, porque todos compartían la cualidad de ser de negro color; y c) tomar el nombre usado por los indígenas, modificándolo en mayor o menor grado para adaptarlo al sistema fonológico y morfológico del español. Esta última solución, el préstamo tomado de las lenguas que se hablaban en el Nuevo Mundo (para las que ese mundo no era nuevo), es la que da origen a los *indigenismos,* y es la que interesa a los efectos de este trabajo.

Debe señalarse que con frecuencia se usaron varias de las soluciones a la vez. Todo a lo largo del siglo XVI a una misma ave se le llamó, entre otros nombres, *gallo* o *gallina de la tierra* o *pavo,* por analogía, y *guanajo,* uno de sus nombres amerindios (taíno).[2]

2. Para un tratamiento muy completo de los varios sistemas denominadores véase: Marcos A. Morínigo, «La formación léxica regional hispanoamericana», *Programa de filología hispánica* (Buenos Aires, 1959), págs. 56-70.

B. — LENGUAS DE ORIGEN

En 1492 (y aún hoy) eran cientos las lenguas indígenas que se hablaban en la América que se convertiría en hispana; aun agrupándolas en familias el número es muy considerable.[3] Todas y cada una de estas lenguas pudieron haber contribuido a la formación del caudal léxico de los indigenismos; una ojeada al *Léxicon* bastará para comprobar, sin embargo, que son relativamente pocas las que allí están representadas. Los indigenismos que se pudieron documentar para este trabajo proceden de sólo nueve lenguas amerindias identificadas; aun suponiendo que todas las palabras de origen indeterminado procedieran de diferentes lenguas cada una, el número no pasaría de veinte.

Los indigenismos que se pudieron encontrar en uso en el español colonial del siglo XVI proceden, en orden alfabético, a) del *caribe* de las Antillas Menores (su penetración en las Mayores es mínima); b) del *cumanagoto*, una lengua de la familia caribe que se habló en la costa norte continental; c) del *cuna* de Panamá y partes de Centro América, pertenece a la familia del chibcha colombiano; d) del *chiriguano*, de la familia del tupí-guaraní; e) del *mapuche* de los araucanos de Chile; f) del *náhuatl* de los aztecas; g) del *quechua* de los incas: h) del *quiché* de los mayas y tribus relacionadas; e i) del *taíno* de las Antillas Mayores. Hay algunas voces más a las que no fue posible siquiera atribuirles un origen probable; se incluyeron porque sí había razones para considerarlas indigenismos, razones que aparecen en el epígrafe que a cada una

3. Véase, por ejemplo, Antonio Tovar, *Catálogo de las lenguas de América del Sur* (Buenos Aires, 1961).

corresponde en el *Léxicon.* La mayor parte de estas voces deben pertener a alguna de las lenguas de las familias *arahuaca* y *caribe* de la costa norte de Sur América, o a las lenguas mexicanas del occidente (*nahuas* o no).

Aunque de algunas de las clasificaciones anteriores podrían intentarse subdivisiones dialectales (del *taíno,* por ejemplo), esto ha parecido injustificado, por la falta de datos precisos, e innecesario. En todo caso el número seguiría siendo muy reducido en relación con el total posible de lenguas de origen. Circunstancias históricas y culturales explican por qué son precisamente las citadas lenguas las que contribuyen al léxico de los conquistadores y primeros pobladores, y por qué tantísimas otras no contribuyen.

Desde el Descubrimiento hasta la conquista de México, durante un cuarto de siglo, los españoles estuvieron en contacto íntimo sólo con los indios de las Antillas y de Tierra Firme (Panamá y sur de Mesoamérica). Las lenguas que hablaban estos indios eran el *taíno* y el *caribe* en las Antillas, y el *cuna* en Tierra Firme; a éstas llamaré «lenguas del primer contacto». Aunque la colonización de la costa norte suramericana (Santa Marta, Cartagena, Maracaibo, Caracas) demoró algunos años las lenguas que allí se hablaban deben incluirse en esta categoría, por su afinidad lingüística con las anteriores; son el *cumanagoto* y otras de la familia *caribe,* y varias de la familia *arahuaca* a la que pertenece el taíno antillano.

Los hablantes de estas lenguas eran pocos en número, y de cultura pobre, pero dejaron una huella notable en el español. Esto se explica precisamente porque fueron los primeros con los que los españoles entraron en contacto, y porque se conviviera con ellos (con exclusión de otros) durante un largo período, el cuarto de siglo mencionado.

De otra parte tenemos las llamadas «lenguas generales», el *náhuatl* y el *quechua;* el guaraní alcanzó esa condición bastante después. «Lengua general», dice Tovar, «es aquella reconocida en calidad de tal por los conquistadores, pero aceptando un hecho anterior a la conquista misma.»[4] Este hecho es la superioridad cultural y política de sus hablantes, en relación con sus vecinos.

El náhuatl y el quechua eran lenguas imperiales; no solamente las hablaban como propias un número muy elevado de indios, sino que éstos las habían impuesto más allá de sus límites originales. Eran además las de zonas que por su riqueza tenían particular importancia para los españoles. Por otra parte la enorme multiplicidad lingüística (casi se podría decir que en cada valle, en cada región aislada, se hablaba, si no una lengua diferente, por lo menos una forma dialectal diferenciada) hacía imposible a los conquistadores pretender el dominio de todas. España quería difundir su lengua, pero el proceso de hispanización era lento, y la necesidad de comunicación era imperiosa; a esto se unió el deseo de la Iglesia de predicar el Evangelio en la lengua nativa. El reconocimiento de *lenguas generales* fue la única solución factible.

Como detalle curioso debe señalarse que al concederles los españoles el carácter de general a una lengua indígena hicieron que ésta continuara difundiéndose, aun mucho después de terminada la conquista.[5] Un fenómeno similar, en época más

4. Tovar, *Catálogo...*, p. 188.

5. Este fenómeno, en cuanto al quechua en una región específica, está muy bien documentado y explicado por Marcos A. Morínigo en "Difusión del español en el noroeste argentino",

reciente, produce la difusión del *swahili* en Africa.

Las *lenguas generales* y las que he llamado *del primer contacto* serán evidentemente las que mayor número de indigenismos contribuyan al español; de los 229 documentados 201 pertenecen a estas categorías. Las otras lenguas representadas en el *Léxicon* (el *quiché*, el *mapuche* y el *chiriguano*) aparecen, aunque en proporción mucho menor, por razones especiales a cada una.

El *quiché* contribuyó al español porque el alto nivel cultural y de logros materiales de los mayas impresionó a los españoles. La superioridad de los mayas sobre sus vecinos era evidentísima, a pesar de que al momento de la conquista se encontraban en plena decadencia.

El *mapuche*, si bien no fue lengua general, tuvo al menos por un tiempo la consideración de lengua regional. Los araucanos fueron los indígenas que durante más tiempo se mantuvieron en guerra contra los españoles. Esta tenacidad en la defensa de sus libertades les valió el respeto y la admiración de sus enemigos (reflejados en *La araucana*, de Ercilla), y forzó a los españoles a un tipo de relación que no hubieran podido esperar ni de su pobre cultura, ni de su escaso número.

La presencia del chiriguano anticipa la importancia que más tarde tendrán las lenguas de la familia tupí-guaraní. Por esta época están dominadas, sin embargo, por la influencia del quechua como lengua general. Esta misma influencia explica la ausencia total de dos lenguas de importan-

---

Programa..., p. 71-100. Véase también Angel Rosenblat, "La hispanización de América, el castellano y las lenguas indígenas desde 1492", *Presente y futuro de la lengua española* (Madrid: *OFINES*, 1963), II, p. 189-216.

cia en la época, el aymará del Alto Perú y el chibcha colombiano (aunque el cuna ístmico pertenece a la misma familia). La primera, aunque representante de un nivel cultural bastante elevado sufrió por la extrema vecindad con la lengua de los incas, algo semejante ocurrió a las de los vecinos de los aztecas. El chibcha, más alejado, cubriendo una vasta extensión territorial y con gran número de hablantes, representaba, sin embargo una cultura pobre y rudimentaria. La conquista de sus territorios se hizo desde tierras del quechua, y no pudo oponer a éste nada perdurable.

Fuera de las lenguas del primer contacto, las generales (el guaraní, como dije, no lo era aún) y los tres casos especiales, no he podido documentar ninguna otra lengua que contribuyera al caudal de los indigenismos en el período estudiado. De las diez voces cuyo origen no he podido determinar (alguna quizá no sea amerindia) algunas probablemente pertenezcan a otras lenguas, pero esto no alteraría notablemente los resultados puesto que suman sólo un cuatro y medio por ciento del total del corpus recolectado.

C. — Distribución por lenguas

Lo dicho en el epígrafe anterior en relación con la importancia de las lenguas generales y las del primer contacto se comprueba en cuanto se analizan las aportaciones al *Léxicon.* En el esquema que sigue aparecen las proporciones, expresándose los porcentajes del total de voces documentadas para este trabajo:[6]

6. Los porcentajes, aquí y en adelante, están dados con aproximación al 0.25 %.

Palabras	de	origen	náhuatl	41.25 %
»	»	»	taíno	30.00 %
»	»	»	quechua	10.50 %
»	»	»	quiché	5.75 %
»	»	»	cumanagoto	2.75 %
»	»	»	caribe	2.25 %
»	»	»	mapuche	1.75 %
»	»	»	cuna	0.75 %
»	»	»	chiriguano	0.50 %
»	»	»	indeterminado	4.50 %

El 11,25 % del total de las anteriores está formado por palabras derivadas de otras de origen indígena, por ejemplo, *maizal* de *maíz*. El total de estas voces derivadas se puede analizar como sigue:

De los derivados el 57 % procede de voces de origen taíno.

De los derivados el 35 % procede de voces de origen náhuatl.

De los derivados el 8 % procede de voces de origen quechua.

Aproximadamente el 23.5 % de los tainismos dados son derivados.

Aproximadamente el 10 % de los nahuatlismos dados son derivados.

Aproximadamente el 10 % de los quechuismos dados son derivados.

Puesto que la capacidad para producir derivados indica vitalidad, las dos últimas tablas confirman la primera. En cuanto a las derivaciones el *taíno* desplaza al *náhuatl* del primer lugar, el *quechua* se mantiene en tercero en todas las tablas.

Al leerse las tablas anteriores debe tenerse en cuenta que la elección de las fuentes puede influirlas en algo; un mayor número de documentos de origen mexicano puede explicar la discrepancia en la posición del náhuatl en la primera tabla, y en la segunda y tercera. Además que ni la frecuencia relativa ni las variaciones semánticas se han tenido en cuenta. La distribución geográfica, que es índice de importancia, se estudia en epígrafe aparte. Sin perjuicio de estas prevenciones, el orden y las proporciones dados deben reflejar la realidad.

D. — Importancia relativa de las lenguas

Lenguas del primer contacto. — Este grupo de lenguas (el taíno, el caribe insular, el cumanagoto y el cuna) contribuye más de una tercera parte (35.75 %) de las voces que aparecen en el *Léxicon.* Resulta obvia la importancia que el contacto temprano con una lengua tuvo en cuanto a la disposición de los conquistadores para incorporar palabras de esa lengua a la suya propia.

Esto se explica porque el préstamo viene a llenar un vacío, la falta de nombre para algo nuevo o diferente. Cuando los españoles se enfrentaron por primera vez con un árbol, por ejemplo, que no conocían de Europa tuvieron que darle un nombre; ya se vio que pudieron hacerlo siguiendo varios procedimientos, y que el préstamo lingüístico fue uno de ellos. Pero una vez que ese árbol recibió su nombre el vacío ya no existía; el préstamo (o cualquiera otra forma adoptada) se incorpora a la lengua propia, pasa a formar parte de ella. La próxima vez que un español se encuentra con el mismo árbol ya sabe como llamarlo.

Cuando en las Antillas vieron por primera vez la planta, entonces desconocida, que los taínos llamaban *maíz,* los españoles se apropiaron de la voz taína y la hicieron parte de su lengua. Cuando luego en México y más tarde en Perú vieron la misma planta, ésta ni era desconocida, ni carecía de nombre. Lo mismo ocurrió con lo que sin ser idéntico aparecía como tal a sus ojos, con aquellas cosas que por pertenecer a una misma categoría general se clasificaban mentalmente con una sola etiqueta. Las embarcaciones indígenas de otras partes de América no eran iguales a la *canoa* taína, pero esta voz se convirtió para los españoles en el nombre de cualquier embarcación india, en cualquier parte del Nuevo Mundo.

Por esto vemos que la palabra taína *bohío* se encuentra en documentos de Panamá, México, Bogotá y Perú, por citar sólo algunos lugares.[7] Lo mismo puede decirse de otras voces taínas como *cacique* (Panamá, México, Nueva Granada, Perú, Chile), *guayaba* (México, Perú) y *tuna* (México), por citar sólo algunas cuantas. Obsérvese que los ejemplos cubren tanto nombres que se usaron para cosas idénticas (la *guayaba* y la *tuna* eran iguales en cualquier parte de América), como los que se usaron para denominar cosas semejantes pero no iguales, las viviendas (*bohío*) y los jefes indígenas (*cacique*) variaban en las diferentes partes del Nuevo Mundo.

Conflictos entre indigenismos. — De lo anterior puede deducirse que los indigenismos que primero entraron en el español no pudieron ser desplazados por las voces de los pueblos conquistados con posterioridad. Desde luego que esto fue una tendencia, una regla bastante general, pero

7. Para la distribución completa de ésta y siguientes palabras véase el *Léxicon*.

no siempre ni en todos los casos fue así. Las reglas siempre tienen excepciones.

Los nahuatlismos *chile* y *milpa* lucharon hasta desplazar en México a *ají* y *maizal*, ambos de origen taíno. Es curioso el caso de *batata* (taíno) y *camote* (náhuatl); la forma antillana se mantiene en las Islas (aunque alternando con el también taíno *boniato*), y es la forma aceptada en la lengua general de la Penísula; el nahuatlismo no sólo triunfó en México, sino que se generalizó por muchas partes de Sur América. El taíno *naboría* pasó a México y a la cuenca del mar Caribe, y se retuvo allí, pero en el Perú y zonas de influencia del quechua no logró prevalecer sobre el quechuismo *yanacona.*

Aun en los casos de excepción en que se produjo el desplazamiento de un indigenismo anterior la sustitución no afectó a la zona original (en el período estudiado). *Milpa* prevaleció sobre *maizal* en México, pero en las Antillas siguió usándose la forma propia; en este caso tampoco se produjo el desplazamiento en otras regiones, pero eso no interesa para el ejemplo.

Debe tenerse en cuenta que la sustitución de un préstamo por otro no se produjo nunca de forma inmediata, sino como resultado de una larga convivencia entre los españoles y los indígenas que tenían por suya la segunda forma. Durante todo el siglo XVI, por ejemplo, los citados *ají* y *maizal* alternan en México con los también citados *chile* y *milpa.* Es más, durante los años que siguieron a la conquista la pareja de tainismos tuvo mayor uso en México que los correspondientes nahuatlismos.[8]

8. Véanse las cuatro palabras en el *Léxicon*, bajo los epígrafes correspondientes.

Por otra parte, sólo las voces que procedían de lenguas de importancia lograron desplazar a indigenismos anteriores. No se ha podido documentar ni un sólo caso de voces de mapuche o el quiché que desplacen a otras del taíno o el náhuatl. En algunos casos el náhuatl y el quechua (las dos grandes lenguas generales) sí tuvieron vigor para sustituir a palabras de otras lenguas, como se ha visto en ejemplos anteriores.

Lenguas generales. — El *náhuatl* fue la primera de las lenguas indígenas a la que los conquistadores le dieron la condición de «general». En México los conquistadores vieron realizarse por primera vez sus sueños de riqueza. El oro y la plata, la estructura social más avanzada, la mayor densidad de población indígena, la habilidad artesana y agrícola facilitaron el desarrollo de una economía muy por encima de la de las Antillas y tierras costeras del Caribe. Las herramientas y los utensilios, los tejidos y las vestimentas, los materiales de construcción, los productos alimenticios no sólo eran nuevos y notablemente diferentes (en muchos casos) de los de Antillas y Tierra Firme, sino que cobraron gran valor dentro de un sistema tributario alimentado por una sociedad indígena rica y productiva. El pago de tributo en especie hizo que los españoles conocieran y valorizaran una enorme cantidad de los productos de la cultura azteca. La conquista de México dio nuevo impulso al influjo de indigenismos en el español.

Ya hacía más de un tercio de siglo que los españoles convivían con culturas indoamericanas cuando se llevó a cabo la conquista del Perú. La civilización incaica había alcanzado para esa época un alto nivel de desarrollo, pero muchos de los conquistadores ya habían conocido otras culturas indígenas avanzadas. Y claro que ya para entonces el proceso denominador había avanzado mucho, cada vez eran menos las cosas que no tenían un nombre en el español. La aportación léxica del *quechua* tenía que ser importante, pero no podía igualar al náhuatl o al taíno.

Los factores económicos (agricultura, caza, servicios personales) determinan la mayor parte de los indigenismos de origen quechua: *chacra, papa, chaco, yanacona.* Los caminos imperiales incaicos, y el sistema de mensajeros que los usaba, eran dignos de admiración, aun en contraste con la Europa del siglo XVI; no es de extrañar que se les vea representados en los indigenismos: *topo, tambo, chasqui.* En el imperio de los incas, como entre los mayas, se había desarrollado una compleja religión, en íntima relación con la estructura socio-política; la terminología de estos sectores también se impuso: *guaca, mamacona, inga.*

Las dos lenguas generales representan más de la mitad (51.75 %) de las voces que aparecen en el *Léxicon.* Como podría esperarse, aunque la contribución quechua es apreciable, el ochenta por ciento de este grupo corresponde al náhuatl.

Otras lenguas. — El *quiché* y el *mapuche* no gozaron nunca de la condición de lengua general (aunque la segunda pudo algunos años ser considerada regional), el *guaraní,* a cuya familia pertenece el *chiriguano,* sí tuvo esa consideración, pero no dentro del período que comprende este estudio. Ninguna de ellas tuvo, desde luego, la favorable situación de las lenguas del primer contacto. Su presencia se justifica por razones que ya se explicaron, pero su contribución es pequeña;

en total representan el 8 % de los indigenismos recolectados.

E. — Número

Marcos A. Morínigo dice que «cuando al promediar el siglo XVI Oviedo da por terminada su *Historia* el número de voces indias en ella incluidas alcanza a más de medio millar ... hay que suponer que el número de voces indígenas en circulación en la lengua normal de los españoles de América sería sensiblemente mayor».[9] Este criterio, bastante generalizado, tiene su fundamento en el tipo de fuente seleccionada. Ya indiqué que quien escribió (como Oviedo) para lectores europeos, o quien pretendió hacer literatura, usó gran cantidad de indigenismos. Esto se hacía no por reproducir la realidad de la lengua normal, sino por impresionar por el conocimiento de lo americano, en unos casos, y en otros para lograr efectos estéticos basados en el valor exótico (para el europeo) de lo indígena.

Si usamos fuentes que mejor puedan aproximarnos a la realidad hablada, a la lengua normal, llegaremos a una conclusión bien diferente. Frente al medio millar que usa Oviedo, y al número aun mayor que supone Morínigo, yo no pude documentar más que 229,[10] a pesar de usar como fuentes no una sola obra (la citada *Historia*) sino el elevado número de manuscritos y libros que relacioné al principio de este trabajo (véanse las páginas 20 a 27).

9. Morínigo, "La penetración de los indigenismos americanos en el español", *Presente y futuro...*, II, p. 219.

10. No se incluyen topónimos ni nombres propios.

Aunque mi trabajo se limita al siglo XVI es bueno notar que otras investigaciones recientes llegan a resultados parecidos. Estudiando la realidad lingüística actual Lope Blanch encuentra sólo 313 indigenismos en el español de la Ciudad de México (75 son derivados), y señala que solamente 95 son conocidos generalmente.[11] Salta a la vista la semejanza entre el número que encuentra Lope Blanch y el que documento en mi trabajo.

Esta similitud aumentaría seguramente si se pudiera comprobar cuántos de los 229 vocablos del *Léxicon* eran generalmente conocidos en el siglo XVI. La comprobación es imposible, pero hay que admitir que la totalidad no pudo ser parte del caudal léxico de todos los conquistadores y colonizadores; el uso puramente regional de muchas voces (como se verá más adelante) sería suficiente para reducir el número en uso general.

De todo esto se saca por consecuencia que el número de indigenismos es menor del que generalmente se calcula para la lengua hablada.

F. — VITALIDAD DENTRO DEL ESPAÑOL

Si el número de indigenismos es reducido el *Léxicon* demuestra su vitalidad de forma indiscutible. La incorporación total de los indigenismos al habla de los españoles americanos del siglo XVI se comprueba en cuanto se analizan los contextos en que aparecen insertos.

Conocimiento presupuesto. — Más del 85 % de

11. Juan M. Lope Blanch, *El léxico indígena en el español de México* (México, 1969), p. 33-34.

las palabras del *Léxicon* aparecen en contextos que ni las explican ni las definen. Esto desde luego indica que el escribano sabe o supone que sus lectores en América conocen esas palabras. Por contraste, en lo que se escribe para un público europeo todas, o casi todas, las palabras de origen amerindio van acompañadas de una explicación o definición («*cazabe*, que es como pan que comen los naturales de estas tierras»); no puede ser de otra manera, puesto que el europeo desconoce las voces. Algo menos del 15 % de las palabras recolectadas llevan alguna explicación, pero no en todos los contextos en que aparecen; en algunos casos se aclara el significado, en otros muchos la misma palabra aparece sin explicación. Así, por ejemplo, un contexto dice «*caricuríes*, que es (sic) ciertas piezas que se ponen a las narices»; [12] pero en otro simplemente se indica «un *caricurí* que pesó quatro pesos y dos tomines», sin más explicación. Las dos citas son de diferente origen, por lo que no puede suponerse que en la segunda falta una explicación porque ya se había dado en la primera. Lo mismo puede decirse de las dos citas siguientes: «las *macanas* ... que son unas porras», y «el perro indio alzó la *macana* y dio al pobre caballero».

Indigenismos en las definiciones. — Una prueba mejor de la total incorporación de los indigenismos al español se encuentra en aquellos casos donde vemos como una palabra indoamericana sirve para definir otra de igual procedencia: «una *yuca* que llaman *boniata*». En México, en 1594, se escribe «hojas de *tuna* ... llamadas *nopal* en lengua índica»; y en Perú en 1570 se mencionan unos

12. Para la referencia de ésta y demás citas véase el *Léxicon*.

indios que «llámanse *chiriguanas,* quiere decir en nuestra lengua *caribe*». Obsérvese que en la segunda cita se expresa que *nopal* es de «lengua índica» (náhuatl), pero aunque *tuna* es tainismo no sólo no se indica su origen, sino que se la usa para definir, lo que dice bien a las claras que se la considera parte de la lengua propia. La tercera cita es aun más explícita puesto que *caribe,* a más de servir para explicar significado, es calificada expresamente como de «nuestra lengua»; sobra decir que el que escribe esto es un español.

Es obvio que sólo una palabra de generalísimo conocimiento, que forma parte indiscutible de la lengua, puede usarse para aclarar significados.

Uso oficial. — Los libros, registros y documentos oficiales exigen una lengua comprensible (salvo inevitables tecnicismos) para todos los miembros de la comunidad. Un examen de documentos de esta clase demuestra que los encargados de redactarlos usaron gran número de indigenismos. El escribano que hacía los asientos en los libros de actas de cabildo de Pamplona, en la Nueva Granada, no tuvo reparo en escribir sobre «una ranchería que es entre unos *arcabuquillos*»; su colega del cabildo de La Habana registra «un embarcadero de *canoas*»; de los libros del cabildo de Lima vemos que «de cojer oja de los *mahizales* para los caballos ... los *mahizales* se destruyen». A pesar de su carácter conservador la lengua jurídica no pudo evitar la penetración de los indigenismos; la Real Audiencia de Santa Fe de Bogotá dispuso que «los hijos de hermanas de los *caciques* ... sucedan en los *cacicadgos* de los tíos».

Lo mismo, desde luego, sucede en los documentos de contratación entre partes. Un escribano (notario) público de La Habana relaciona los bienes que se aportan a una compañía, entre ellos menciona «dos *burenes* ... y dos *bucanes* ... y dos *guanaxas* y un *guanaxo*». En Puebla, México, otro escribano público se refiere a «un *mecate* de tierra de riego y de sequedal». Tampoco la Iglesia es ajena a este uso; en documentos del Arzobispado de Guadalajara, México, leemos que se ha dispuesto «darles de *mahiz*, frisoles e *agí*, para sustentamiento de los pobres».

Sustitución de palabras españolas. — Desde los primeros años de la conquista y colonización el español que se habla en el Nuevo Mundo comienza a adquirir características propias. Esta dialectalización no es sino el desarrollo de un nuevo subsistema lingüístico capaz de expresar las diferencias de ambiente y forma de vida; la introducción de voces indígenas es una de las formas de hacer funcional el sistema. Dentro de la nueva estructura lingüística los indigenismos no sólo sirven para nombrar lo previamente desconocido, sino que inclusive sustituyen a vocablos españoles, cuando el hablante y su situación se sienten como americanos.

En Guatemala, en 1551, se habla de «*milpas* de trigo», sustituyéndose el castellano *trigal* por el náhuatl *milpa.* En las dos citas que siguen el náhuatl *naguatlato* se usa en lugar de *lengua* o *intérprete*: «españoles que sirven de *naguatatos*», y «el fraile que llevaba por *nauatlato*». Obsérvese que la sustitución adquiere mayor importancia porque en ambos casos el intérprete es un español, lo que resulta más significativo que si el indigenismo nombrara a un indígena.

En toda la cuenca del Caribe el taíno *conuco*

desplazó a *huerta* o *roza* (se mantienen el verbo *rozar* y el adjetivo *rozado*). En Darién, en 1517, se dice «las estancias y *conucos* de esta dicha ciudad»; en las actas del cabildo de La Habana se registra, en 1571, «un *conuco* que tiene rozado»; y en las del cabildo de Caracas, en 1590, se mencionan unos «*conucos* y sementeras».

Esta capacidad para desplazar vocablos del castellano es una prueba más de la gran vitalidad de los indigenismos en el habla de los conquistadores y colonizadores.

Indigenismos con sufijos hispanos. — Durante todo el siglo XVI los españoles en América estuvieron creando nuevas palabras, añadiendo sufijos castellanos a voces indígenas. Esta aplicación de los medios derivacionales del español demuestra la total incorporación de los indigenismos al sistema.

Los ejemplos que siguen ilustran lo dicho: *conuquero* (de *conuco*), *cacicazgo* (de *cacique*), *arcabucoso* (de *arcabuco*) y *macanazo* (de *macana*). También hay documentados casos en que se añadieron sufijos diminutivos o peyorativos castellanos a palabras indígenas, e inclusive a derivadas de éstas: *petaquilla* < *petaca, maizalejo* < *maizal* < *maíz.* En el último ejemplo tenemos un caso de derivación de segundo grado. Obsérvese que en todos los casos se siguen las reglas morfológicas normales.

Estos procedimientos de formación de nuevas palabras fueron de frecuente aplicación; lo demuestra la elevada proporción de indigenismos por derivación en el corpus recolectado, el 11.25 % del total.

Purismo. — La vitalidad de los indigenismos era tal, tan propios se consideraban, que molestaban y se criticaban los cambios que conlleva el uso. En Guadalajara, en 1597, se aclara que «se llama *amole* y no *amula*, porque los españoles tienen corrupto el bocablo». Conste que el purista que escribe esto es un español.

G. — Zonas

En el epígrafe siguiente estudiaré la difusión geográfica de los indigenismos. Para mejor trazar esa difusión he dividido en áreas o zonas el territorio estudiado; cada zona corresponde al área de origen e influencia de una o más de las lenguas que contribuyeron los indigenismos recolectados. Esta división me servirá para comprobar cuáles de las voces se documentan sólo en la región donde se originan, y cuáles, por el contrario, se incorporan a la lengua general y aparecen documentadas en otros lugares. La división corresponde al desarrollo histórico de la conquista y colonización, y a la extensión geográfica de los diferentes idiomas que contribuyen al *Léxicon.*

Reconozco las zonas siguientes, indicando para cada una las lenguas indígenas correspondientes:

I — Islas del Caribe: *Taíno* y, sobre todo en las Antillas Menores, el *caribe.*

II — Tierra Firme y Sur de Mesoamérica: Principalmente el *cuna.*

III — México Central y Occidental: Predomina el *náhuatl.*

IV — COSTA NORTE DE COLOMBIA Y VENEZUELA: El *cumanagoto* y otras lenguas de la familia *caribe,* y varias de la familia *arahuaca.*

V — NORTE DE MESOAMÉRICA Y SURESTE DE MÉXICO: El *quiché* y lenguas afines.

VI — NORTE Y CENTRO DE LOS ANDES Y PACÍFICO Y EL NOROESTE DE ARGENTINA: El *quechua* es la lengua de mayor importancia (el *chibcha* al norte y el *aymará* al este no están documentados).

VII — SUROESTE DE SUR AMÉRICA: Principalmente el *mapuche.*

VIII — RÍO DE LA PLATA Y AFLUENTES: Predominan las lenguas de la familia *tupí-guaraní,* una de las cuales, el *chiriguano,* aparece documentada.

H. — DISTRIBUCIÓN GEOGRÁFICA

Ya antes se indicó como las voces de una lengua amerindia eran muy frecuentemente usadas por los españoles en todas partes de América. El uso de los antillanismos, por ejemplo, no se circunscribía a las Antillas, sino que se extendía por todos los territorios conquistados. El fenómeno se explica porque los indigenismos eran parte del español, y se usaron donde quiera que se habló esa lengua.

Rumbos de la difusión. — Los indigenismos

servían para llenar las lagunas lingüísticas y culturales; una vez llenado un vacío, y generalizado el uso, era raro que se sustituyera un indigenismo por otro.[13] El desarrollo cronológico y espacial de la conquista, y la novedad y nivel de las culturas indígenas, determinaron la proporción en que las diferentes lenguas indoamericanas contribuyeron a aumentar el léxico español.

Durante el primer siglo los indigenismos siguieron las rutas de las conquistas. Los tainismos pasaron a Tierra Firme, a México, a Perú y a Chile; los nahuatlismos se esparcieron por tierras de incas y araucanos. Es muy raro verlos marchar en sentido contrario; sólo por excepción se encuentran voces quechuas en México, o nahuas en las Antillas. Aun un nahuatlismo tan incorporado al español actual como *cacao* lo vemos en Perú, pero no en las islas del Caribe.

Claro que hay excepciones (el quechuismo *papa* está documentado en México), pero éstas generalmente son nombres de objetos de valor, o que entran en el comercio colonial y se envían a España. Así por ejemplo el nahuatlismo *petaca* (caja que sirvió para guardar mercancía y documentos, tanto en tierra como a bordo) lo vemos en Perú, pero también en Cuba, punto de escala de las flotas; otro tanto puede decirse de *tepusque* (del *náhuatl* también), que siendo un tipo de moneda tenía valor, e intervenía en el comercio.

Origen de la dialectalización. — Si muchos indigenismos salen de su lugar de origen para integrarse al español general, otros quedan con uso li-

13. Véase en este mismo trabajo "Conflictos entre indigenismos."

mitado a la región donde se originan. Estos últimos serán uno de los factores que contribuyan a la dialectalización regional hispanoamericana.

Distribución por lenguas. — En la tabla que sigue se muestra la difusión geográfica de las lenguas del *Léxicon.* Las zonas establecidas anteriormente (p. 110) sirven como base para determinar el número de palabras de cada lengua que salen de la región en que se originan; en columna aparte se indica el número que va más allá de la zona lindante con la propia; por ejemplo, si un quechuismo se documenta sólo en Chile (o en Perú y Chile) aparecerá contado entre las voces que salen de su zona de origen, pero no entre las que van más allá de la zona lindante, si el mismo quechuismo se documenta en México sí aparecerá en la última columna.

Lengua	*Total documentado*	*Fuera de la zona de origen*	*Más allá de las zonas limítrofes*
Caribe	5	4	4 *
Cumanagoto	6	3	1
Cuna	2	2	2
Chiriguano	1	1	0
Mapuche	4	1	0
Náhuatl	95	39	10
Quechua	24	8	3
Quiché	13	1	0
Taíno	69	63	63 *

* El taíno y el caribe por ser insulares no tienen zonas lindantes.

Lenguas del primer contacto. — El taíno es la lengua cuyas voces tienen mayor difusión; los indigenismos que de ella procedían eran usados en todas partes de América. Las tres palabras que aparecen documentadas en mayor número de zonas fuera de aquélla en que se originan son tainismos: *cacique* aparece, fuera de la propia, en siete zonas (o sea, en todas las establecidas); *hamaca* en seis (II, III, IV, V, VI, VIII); *maíz* en siete, las mismas que *cacique.* Cinco tainismos aparecen documentados cada uno en cinco zonas fuera de la propia: *barbacoa bohío, naboría* y *sabana* se documentan en las zonas II, III, IV, V y VI; y *yuca* en las zonas III, IV, V, VI y VIII. Otros cinco tainismos (*arcabuco, canoa, cazabe, guanín maizal*) aparecen en cuatro zonas, fuera de la de origen. Por contraste, de todas las otras lenguas sólo dos nahuatlismos tienen una difusión semejante; fuera de la de origen uno se documenta en cinco zonas, el otro en cuatro (véase más adelante).

Las otras lenguas del primer contacto tienen también gran difusión (según se puede ver de la tabla en la página anterior), pero ninguno de sus indigenismos se encuentra en más de dos zonas fuera de la de origen.

Lenguas generales. — El náhuatl sigue al taíno, si no en la proporción con relación al total, sí en cuanto al número de voces con gran difusión. Es la única de las otras lenguas con indigenismos que se documentan en más de dos zonas más allá de la de origen. Esos indigenismos son: *calpixque* (IV, VI, VII) y *tameme* (II, V, VI), ambas en tres zonas fuera de la propia; *tepusque* en cuatro (I, V, VI, VII); y el nahuatlismo de mayor difusión, *pe-*

taca, que se documenta en cinco zonas (I, II, IV, V, VI).

Proporcionalmente el quechua tiene mayor difusión que el náhuatl aunque por escaso margen. Individualmente, sin embargo, los indigenismos procedentes de esta lengua no alcanzan a los del náhuatl; ninguno aparece en más de dos zonas más allá de la de origen.

Otras lenguas. — El chiriguano, el mapuche y el quiché, como era de esperarse, quedan muy por debajo de las lenguas del primer contacto y las generales en cuanto a su difusión. Sólo una palabra de cada una de ellas se documenta fuera de la zona de origen; en ninguno de los tres casos la palabra va más allá de la región inmediatamente limítrofe.

I. — Clasificación semántica

Toda clasificación semántica es en parte subjetiva. La labor se hace más difícil, y el resultado menos satisfactorio, cuando se opera a tres siglos de distancia, y se trata no de una sino de varias y muy variadas culturas en constante interrelación. No obstante lo anterior he intentado la clasificación porque creo que tiene un valor práctico innegable.

Debe tenerse en cuenta que una sola palabra puede caber, y cabe, en varias categorías. Un árbol frutal y maderable se encontrará registrado bajo *Flora,* así como bajo *Edificios y materiales de construcción,* y bajo *Alimentos y bebidas.*

Las categorías establecidas son las que siguen:

Categoría	*Número de voces*
Flora	64
Alimentos y bebidas	41
Jerarquías y oficios	30
Mobiliario, enseres y utensilios . . .	22
Tejido, ropa y adornos personales . .	22
Edificios y materiales de construcción .	18
Agricultura	14
Fauna	14
Geografía y clima	14
Religión y ceremonial	14
Militar	9
Minerales	7
Náutica	7
Medidas e indicadores	6

Ningún otro aspecto del vocabulario aparece con un número de indigenismos digno de tomarse en cuenta. Como esta clasificación no puede evitar ser en parte subjetiva, según dije, el *Léxicon* debe tenerse como autoridad última.

J. — Algunos aspectos gramaticales

La muestra (229 lexemas y palabras, y un número limitado de contextos) es válida para un estudio de lexicología, pero no es lo suficientemente amplia para una investigación completa de cuestiones morfológicas, y mucho menos fonológicas o sintácticas. Sin embargo algunos comentarios se pueden hacer, y ésos los hago a continuación.

Fonología. — En esta época temprana la lengua que hablan los conquistadores y colonizadores es prácticamente la misma que se habla en la Península. Sin embargo el origen preponderantemente andaluz de los primeros españoles que vinieron al Nuevo Mundo,[14] hizo que predominaran los rasgos característicos del Mediodía español.

La *h* ortográfica (*bohío, bahareque, damahagua, hamaca*) indica una aspiración. Esta afirmación se basa no sólo en lo que ocurría en Andalucía en la época, sino en que no se explica que se use la grafía para escribir una palabra cuya etimología no justifica una letra muda. La aspiración, por otra parte, la confirman variantes ortográficas documentadas (*bujío*) y la ortografía actual de algunas de las voces (*damajagua, bajareque*).

El cambio general en el consonantismo que se está produciendo en el español por esta época, se refleja en la ortografía de los indigenismos particularmente en los que incluyen sibilantes. En el siglo XVI, como es sabido, representan sibilantes las grafías *s, ss, ç, z, x, j, g,* y *ch.* La confusión en cuanto a las cuatro primeras se acentúa por la influencia andaluza.

En el *Léxicon* hay muchos ejemplos de indiferenciación o confusión: *çabana sabana; caçabi, casabi, cazabi; chicotea* (hoy *jicotea*); *chicubite, xicubite; jacal, xacal; agí, ají, axí.*

Las voces indígenas al entrar a formar parte

14. Véanse de Peter Boyd-Bowman, "Regional Origins of the Earliest Spanisch Colonists of America", *PMLA,* LXXI (December, 1956), p. 1152-72; "La emigración peninsular a América: 1520-1539", *Historia mexicana,* XIII (octubre-diciembre, 1963), p. 165-192; y "Regional Origins of the Spanish Colonists of America: 1540-1559", *Buffalo Studies,* IV (August, 1968), p. 3-26.

del español debían adaptarse a su sistema fonológico.[15] Cuando existía un conflicto fonológico mayor entre las dos lenguas el proceso de adaptación fue lento, y se intentaron varias soluciones. En el *Léxicon* destacan dos casos. Uno es el de los indigenismos terminados en vocal débil átona, terminación ajena al español; las formas *taquin* (*taqui*), o *chasquis* (singular) y chasquista (las dos últimas con igual valor semántico que *chasqui*), parecen ser intentos de solución al problema. El otro caso es el del grupo *tl* del náhuatl. El *Léxicon* demuestra que en el siglo XVI estaba todavía por resolver; es obvio de las variantes: *pataste, patastle, patlaste*.

En la vocalización, a pesar de la corta muestra, se puede presumir una situación similar a la de la Península: vacilación de timbre en las átonas y empleo excesivo de *i, u* (*bohío, buhío*; *casabe, casabi*).

Caso interesante es el de *inga* y *tianguis*. El primero sólo aparece en la forma dada; hoy, desde luego, es *inca*. De *tianguis* sí se documentan variantes, entre ellas *tianquez* y *tianquiz*. El ensordecimiento [g > k] en el quechuismo, la vacilación entre sonora y sorda en el nahuatlismo (la forma

15. Por dos razones: la primera que los españoles eran casi sin excepción monolingües, y aquellos pocos que hablaban lenguas indígenas las habían aprendido de adultos, circunstancias ambas que fuerzan la conformación fonética y fonológica de los préstamos (véase Charles C. Fries y Kenneth L. Pike, "Coexistent Phonemic Systems", *Language* 25.29-50 (1949), y Einar Haugen, "The Analysis of Linguistic Borrowing", *Language* 26.210-31 (1950); la segunda razón, que las lenguas indígenas carecían de prestigio entre los conquistadores, por lo que no existió interés en retener la pronunciación original, no obstante lo que señalé con relación a *amole* (véase Uriel Weinreich, *Languages in Contact* (La Haya, 1968), p. 27.

actual es sonora) merecen un estudio que la escasa muestra no me permite intentar.[16]

Partes de la oración. — Los indigenismos recolectados todos son sustantivos y adjetivos. Y, precisando más hay que indicar que propiamente dicho sólo dos son adjetivos: *arcabucoso* y *calpulal,* ambos derivados de sustantivos. En los otros casos en que, en contextos específicos, un nombre aparece como adjetivo (indio *cacique,* pan *caçabi*), lo que realmente acontece es que un sustantivo está en función adjetival. También hay algunos casos de falsa (aparente) adjetivización, como *cacao piñol;* la frase no implica una modificación del concepto sino una adición al mismo, se trata de *cacao* y *piñol.*

Sólo hay un caso que podríamos llamar de doble valor semántico, de una voz que para unos tiene una acepción que le da carácter de sustantivo, y para otros una diferente que le da la condición de adjetivo. Es evidente que para algunos españoles del siglo XVI *guanín* tenía el significado total de *oro de baja ley;* para ellos era un sustantivo. Para otros, en cambio, simplemente indicaba *de baja ley,* refiriéndose a un metal (lo aplicaban tanto al oro, como a la plata o al cobre, véase en el *Léxicon*), y era un adjetivo.

En todo caso queda confirmado mi aserto anterior: los indigenismos entraron en el español para *nombrar* lo hasta entonces desconocido. Los préstamos son todos nombres, y en su enorme mayoría sustantivos.

16. Véase sobre esto Juan Corominas, "Indianorománica: Estudios de lexicología hispanoamericana", *RFH,* VI (1944), p. 7.

Morfología de los plurales. — En cuanto a la formación del plural se siguen, casi sin excepción, las reglas del español: las palabras con consonante final (luego de realizada la adaptación fonológica y fonética) añaden *es*, las que terminan en vocal fuerte, o débil átona, *s* (también después de la adaptación). Sólo en los pocos casos de final de palabra en vocal débil acentuada hay vacilación, *caricurís* y *caricuríes*. Esto no representa un apartamiento o desviación de la norma, puesto que la misma vacilación ha existido hasta hoy.[17]

De los casos de singular con sibilante final, en una (*tianguis*) no se produce cambio para el plural; en otro (*maíz*) se sigue el uso regular. *Chasqui* aparece también con una variante de singular con final en *s*, pero no hay documentado el plural.

Curioso es que *cu*, por añadir *es* para el plural, adopta en muchos casos un singular *cúe*.

Hay que rechazar la afirmación de Santamaría de que *naborí* sea singular y *naboría* plural.[18] En todos los casos documentados funciona la última forma como singular (la primera no aparece), siendo el plural regularmente *naborías*.

El género en los indigenismos. — En algunos pocos casos resulta imposible determinar el género, por carecer los contextos de artículos o adjetivos, pero cuando los contextos son suficientes la concordancia muestra que el género responde a la morfología normal del español. Hay desde luego excepciones: «primeros *lucumas*,» donde la terminación en *a* del nombre sustantivo exigiría ad-

17. Véase Real Academia Español, *Gramática de la lengua española* (Madrid, 1962), p. 18.
18. Francisco J. Santamaría, *Diccionario general de americanismos* (México, 1942); véase el epígrafe correspondiente.

jetivo femenino. En los casos de *inga* y *chasquista* el género masculino viene forzado por la condición de varón. En *naboría* es donde únicamente se encuentra vacilación entre el masculino y el femenino (véase el epígrafe correspondiente del *Léxicon*).

Indigenismos por derivación. — El sufijo es el único recurso documentado para formar nuevas palabras, indigenismos derivados de otros indigenismos. Esta derivación mediante sufijos (según un criterio más moderno muchos serían infijos) tampoco se aparta de las normas regulares de la morfología española. Todos los sufijos documentados son de los que se podría esperar en la época: —al, —ar, —azgo, —azo, —ejo, —engo, —ero, —ía, —ico, —illo, —ista, —oso. Son casos típicos de lo que Haugen llama «loanblends»,[19] y que desarrollando la terminología propuesta por Lázaro Carreter podría traducirse como «préstamos entrecruzados.»[20]

19. Einar Haugen, "The Analysis of Linguistic Borrowing", *Language* 26.210-31 (1950).

20. Fernando Lázaro Carreter en su *Diccionario de términos filológicos* (Madrid, 1968) da "loan" como *préstamo*, y "blend" como *entrecruzado;* yo propongo *préstamo entrecruzado* para denominar en español a la forma tan útil acuñada por Haugen (véase nota anterior).

CONCLUSIONES

A continuación resumo brevemente el resultado de mi investigación:

I. — Los indigenismos entraron a formar parte del léxico de los conquistadores y primeros colonizadores para llenar lagunas creadas por la novedad que América representó para ellos, en todo orden de cosas. Los indigenismos nombran objetos y cualidades y son sustantivos, la enorme mayoría, o adjetivos.

II. — Las fuentes que sirven para aproximarse a la lengua hablada (documentos no literarios, escritos en el lugar, para lectores locales) aportan un número de indigenismos notablemente menor del que podría recolectarse en fuentes literarias. Para este trabajo se documentaron sólo 229 indigenismos, a pesar de haberse leído más de trece millones de palabras.

III. — Los indigenismos en la lengua hablada, aunque menos en número que en la literaria, tienen gran vitalidad; esto resulta evidente de su uso sin aclaraciones o explicaciones de significados, del uso en definiciones, así como en documentos oficiales, de su capacidad para desplazar palabras españolas, y de su frecuente uso con sufijos españoles.

IV. — Las lenguas que contribuyeron indigenismos son relativamente pocas, y pueden clasificarse en: a) lenguas del primer contacto, el *taíno*, el *caribe*, el *cuna* y el *cumanagoto;* b) lenguas generales, el *náhuatl* y el *quechua*; y c) otras lenguas, el *quiché, el mapuche* y el *chiriguano*.

V. — La mayor parte de los indigenismos, más del 70 %, procede de sólo dos lenguas: el *náhuatl* y el *taíno*. A la primera de dichas lenguas corresponde el 41.25 % del total de palabras recolectadas, a la segunda el 30 %.

VI. — La proporción en que cada una de las lenguas aportó indigenismos al español estuvo determinada principalmente por: a) el desarrollo de la conquista, es decir, el momento, más temprano o más tardío en que los españoles entraron en contacto con sus hablantes; y b) la importancia económica, para los conquistadores, de los pueblos hablantes de esas lenguas.

VII. — Los indigenismos al incorporarse al español siguen por los caminos de la conquista, saliendo de su zona de origen y pasando a las que sucesivamente van siendo incorporadas al Imperio. La marcha en dirección opuesta, el pasar de una zona de conquista tardía a otra de conquista temprana, es mucho menos frecuente.

VIII. — Ya en el siglo XVI los indigenismos son un factor en el origen de la dialectalización regional hispanoamericana; unos se incorporan a la lengua general del contiente, pero otros sólo se conocen en su región de origen y esto contribuye a la diferenciación de las hablas regionales.

IX. — El *taíno* es, con mucho, la lengua cuyos indigenismos tienen mayor difusión geográfica. Atendiendo no sólo a la aparición de sus indigenismos fuera dc su zona de origen, sino también al número de regiones diferentes en que se documentan, el *náhuatl* es la segunda lengua en difusión geográfica.

X. — Los únicos dos indigenismos que se documentan en todas las zonas estudiadas son los tainismos *cacique* y *maíz*. El nahuatlismo, de mayor difusión geográfica es *petaca;* su difusión, sin embargo, es menor que la del tainismo *hamaca,* e igual que la de los también tainismos *barbacoa, bohío, naboría* y *sabana.*

XI. — La categoría semántica que mayor número de digenismos contiene es la de *Flora;* le siguen en importancia las que corresponden a *Alimentos y bebidas,* y a *Jerarquías y oficios.*

XII. — Los indigenismos recolectados confirman lo que sabemos sobre la morfología y la fonología del español del siglo XVI.

XIII. — El único problema notable que surge por la adaptación de la palabra indígena al español es el que presenta el grupo consonántico *tl,* del *náhuatl.* En el siglo XVI el problema estaba todavía por resolver.

BIBLIOGRAFIA

ALONSO, Amado. *Estudios lingüísticos: Temas hispanoamericanos.* Madrid, 1953.

ARROM, José J. *Mitología y arte iconográfico del pueblo taíno.* En manuscrito hasta la fecha.

BOYD-BOWMAN, Peter. «Regional Origins of the Earliest Spanish Colonists of America,» *PMLA,* LXXI (December, 1956), p. 1152-1172.

——. «La emigración peninsular a América: 1520-1539,» *Historia mexicana,* XIII (octubre-diciembre, 1963), p. 165-192.

——. «Regional Origins of the Spanisch Colonists of America: 1540-1559,» *Buffalo Studies,* IV (August, 1968), p. 3-26.

BUESA OLIVER, Tomás. *Indoamericanismos léxicos en el español. Madrid,* 1965.

CANFIELD, Delos L. *Spanish Literature in Mexican Languages as a Source for the Study of Spanish Pronunciation.* New York, 1934.

COROMINAS, Juan. *Breve diccionario etimológico de la lengua castellana.* Madrid, 1967.

——. «Indianorománica: Estudios de lexicología hispanoamericana,» *RFH,* VI (1944), p. 1-35, 209-248.

DILLON, Myles. «Linguistic Borrowing and Historical Evidence,» *Language*, 21.12-7 (1945).

FRIEDERICE, George. *Amerikanistisches Wörterbuch*. Hamburgo, 1947.

FRIES, Charles C. y Kenneth L. Pike. «Coexistent Phonemic Systems.» *Language*, 25.29-50 (1949).

HAUGEN, Einar. «The Analysis of Linguistic Borrowing,» *Language*, 26.210-31 (1950).

HENRÍQUEZ UREÑA, Pedro. *Para la historia de los indigenismos*. Buenos Aires, 1938.

LAPESA, Rafael. *Historia de la lengua española*. Madrid, 1959.

LÁZARO CARRETER, Fernando. *Diccionario de términos filológicos*. Madrid. 1968.

LOPE BLANCH, Juan M. *El léxico indígena en el español de México*. México, 1969.

——. «Hispanic Dialectology,» *Current Trends in Linguistics: IV. Iberoamerican and Caribbean Linguistics*, ed. Thomas A. Sebeok. La Haya, 1968, p. 106-157.

LÓPEZ MORALES, *Humberto*. «Indigenismos en el español de Cuba,» *Estudios sobre el español de Cuba*. New York, 1970, p. 50-61.

MALARET, Augusto. *Diccionario de americanismos*. Buenos Aires, 1946.

MALKIEL, Yakov. «Hispanic Philology,» *Current Trends in Linguistics: IV,, Iberoamerican and Caribbean Linguistics*, ed. Thomas A. Sebeok. La Haya, 1968, p. 158-228.

MALMBERG, Bertil. *La América hispanohablante: Unidad y diferenciación del castellano*. Madrid, 1966.

MARTINET, André. «Diffusion of Languages and Structural Linguistics,» *Romance Philology*, 6-5-13 (1952-53).

MARTÍNEZ, Fernando A. «Lexicography,» *Current Trends in Linguistics: IV, Iberoamerican and Caribbean Linguistics,* ed. Thomas A. Sebeok. La Haya, 1968, p. 84-105.

MAYERS, Marvin K. «Indigenous Dialectology,» *Current Trends in Linguistics: IV, Iberoamerican and Caribbean Linguistics,* ed. Thomas A. Sebeok. La Haya, 1968, p. 310-319.

MENÉNDEZ PIDAL, Ramón. *Manual de gramática histórica española.* Madrid, 1962.

MORÍNIGO, Marcos A. *Diccionario manual de americanismos.* Buenos Aires, 1966.

——, «La penetración de los indigenismos americanos en el español,» *Presente y futuro de la lengua española.* Madrid: OFINES, 1963, II, p. 217-226.

——, *Programa de filología hispánica.* Buenos Aires, 1959.

PICHARDO Y TAPIA, Esteban. *Diccionario provincial casirazonado de vozes cubanas.* La Habana, 1862.

PIKE, Keneth L. Véase Fries y Pike, up supra.

REAL ACADEMIA ESPAÑOLA. *Diccionario de la lengua española.* Madrid, 1956.

——, *Gramática de la lengua española.* Madrid, 1962.

ROSENBLAT, Angel. «La hispanización de América: El castellano y las lenguas indígenas desde 1492,» *Presentes y futuro de la lengua española.* Madrid: OFINES, 1963, II, p. 189-216.

——, *La población indígena de América desde 1492 hasta la actualidad.* Buenos Aires, 1945.

SANTAMARÍA, Francisco J. *Diccionario general de americanismos.* 2 vols. México, 1942.

TOVAR, Antonio. *Catálogo de las lenguas de América del Sur.* Buenos Aires, 1961.

——, «Español y lenguas indígenas: Algunos ejemplos,» *Presente y futuro de la lengua española.* Madrid: OFINES, 1963, II, p. 245-257.

WEINREICH, Uriel. *Languages in Contact: Findings and Problems.* La Haya, 1968.

ZAMORA, Juan C. «Early Loan-Words in the Spanish of Mexico and the Caribbean,» *Buffalo Studies,* IV (August, 1968), p. 29-42.

——, «Morfología bilingüe: La asignación de género a los préstamos,» *The Bilingual Review/La Revista Bilingüe,* II (September-December, 1975), p. 239-247.

ÍNDICE

COLECCIÓN UPREX

Volúmenes publicados:

1. *La muerte anduvo por el Guasio,* Luis Hernández Aquino. SERIE FICCIÓN.
2. *Entrando en «El Túnel» de Ernesto Sábato,* Carmen Quiroga de Cebollero. SERIE ESTUDIOS LITERARIOS.
3. *Soledad absoluta* (Diario Poético), José Emilio González. SERIE POESÍA.
4. *Ocho casos extraños y dos cosas más* (Cuentos, 1930-1970), Gustavo Agrait. SERIE FICCIÓN.
5. *El tiempo y yo,* Antonio Martínez Alvarez. SERIE ENSAYO.
6. *El teatro en Puerto Rico* (Notas para su historia), segunda edición revisada, Antonia Sáez. SERIE TEATRO Y CINE.
7. *Manual de investigación intelectual,* Adela Rodríguez Forteza. SERIE MANUALES.
8. *Carmelina Vizcarrondo: Vida, obra y antología,* Aida Elsa Ramírez Mattei. SERIE ESTUDIOS LITERARIOS.
9. *Albores históricos del capitalismo en Puerto Rico,* Arturo Morales Carrión. SERIE HUMANIDADES.
10. *El estoicismo de Angel Ganivet,* Elena Mellado de Hunter. SERIE ESTUDIOS LITERARIOS.

11. *Historias que parecen cuentos,* Cayetano Coll y Cuchí. SERIE ENSAYO.
12. *La pintura cristiana en los tres primeros siglos,* Miguel Figueroa y Miranda. SERIE HUMANIDADES.
13. *Los nombres,* Jaime Carrero. SERIE FICCIÓN.
14. *El cine de Federico Fellini,* Luis Trelles Plazaola. SERIE TEATRO Y CINE.
15. *Introducción a la orientación individual,* Ana C. Cáceres. SERIE PEDAGOGÍA.
16. *Las visiones de Thomas Mann,* Esteban Tollinchi. SERIE ESTUDIOS LITERARIOS.
17. *La comunicación escrita,* Engracia Cerezo de Ponce y Ricarda Carrillo Romero. SERIE MANUALES.
18. *El léxico de la delincuencia en Puerto Rico,* Carmen G. Altieri de Barreto. SERIE CIENCIAS SOCIALES.
19. *Laura Gallego: Obra poética,* recopilación y estudio por Luis de Arrigoitia. SERIE POESÍA.
20. *En el umbral del arte moderno, Velázquez, Zurbarán, Goya, Picasso,* Marta Traba. SERIE HUMANIDADES.
21. *Glosario,* Antología Nueva de Canales, I, Edición de Servando Montaña. SERIE PUERTO RICO AYER.
22 *Meditaciones Acres,* Antología Nueva de Canales, II, Edición de Servando Montaña. SERIE PUERTO RICO AYER.
23. *Boberías,* Antología Nueva de Canales, III, Edición de Servando Montaña. SERIE PUERTO RICO AYER.
24. *Hacia un lejano sol,* Antología Nueva de Canales, IV, Edición de Servando Montaña. SERIE PUERTO RICO AYER.
25. *Estudios y artículos,* Jorge Porras Cruz. SERIE ESTUDIOS LITERARIOS.
26. *Juan Ramón Jiménez y la pintura,* Angel Crespo. SERIE HUMANIDADES.
27. *La alternativa liberal,* Juan M. García Passalacqua, SERIE ENSAYOS.

28. *Cuatro poetas de la «Generación del 36»*, Alicia M. Raffucci de Lockwood. SERIE ESTUDIOS LITERARIOS.
29. *Testigo de la esperanza,* Francisco Matos Paoli. SERIE POESÍA.
30. *El centauro, Persona y pensamiento de Ortega y Gasset,* Domingo Marrero. SERIE ENSAYO.
31. *Puerto Rico y Occidente,* Ramón Mellado. SERIE ENSAYO.
32. *Gozos devocionales de la tradición puertorriqueña,* Marcelino Canino Salgado. SERIE LENGUA Y FOLKLORE.
33. *Muñoz y Sánchez Vilella,* Ismaro Velázquez. SERIE ENSAYO.
34. *Sentido, forma y estilo de «Redentores» de Manuel Zeno Gandía,* Rosa M. Palmer de Dueño. SERIE ESTUDIOS LITERARIOS.
35. *Sanz, promotor de la conciencia separatista en Puerto Rico,* Labor Gómez Acevedo. SERIE HUMANIDADES.
36. *La trampa. El impromptu de San Juan,* Myrna Casas. SERIE TEATRO Y CINE.
37. *Aprecio y defensa del lenguaje,* Pedro Salinas. SERIE LENGUA Y FOLKLORE.
38. *Melville y el mundo hispánico,* José de Onís. SERIE ESTUDIOS LITERARIOS.
39. *La nueva sociedad,* Edward Hallett Carr. SERIE CIENCIAS SOCIALES.
40. *La ley Foraker,* Lyman J. Gould. SERIE CIENCIAS SOCIALES.
41. *La narrativa de Marta Brunet,* Esther Melón de Díaz. SERIE ESTUDIOS LITERARIOS.
42. *El aldeanismo en la poesía de Luis Palés Matos,* Luz Virginia Romero García. SERIE ESTUDIOS LITERARIOS.

43. *Garcilaso de la Vega,* Margot Arce de Vázquez. Serie Estudios Literarios.
44. *El cine visto en Puerto Rico,* Luis Trelles Plazaola. Serie Teatro y Cine.
45. *Carlos Fuentes y «La región más transparente»,* Carmen Sánchez Reyes. Serie Estudios Literarios.
46. *Los cuentos de René Marqués,* Esther Rodríguez Ramos. Serie Estudios Literarios.
47. *La poesía de Luis Palés Matos,* Miguel Enguídanos. Serie Estudios Literarios.
48. *Cuentos de la abeja encinta,* Marigloria Palma. Serie Ficción.
49. *Episodios famosos de La Divina Comedia (Parte primera: Infierno),* Philip Cordaro y Gerardo Ferracane. Serie Humanidades.
50. *Cicerón y el Imperio,* Pedro Badillo Gerena. Serie Humanidades.